Horror Holic School
怪奇な図書室

ごまだんご
りっきぃ
TOMO／編

竹書房
怪談
文庫

まえがき

ご入学おめでとうございます。

Horror Holic Schoolという名の通り、当校は世の中に現存するオカルトな出来事を蒐集し、それを図書館にてまとめ、保管する、インターネットサイトがベースの「誰でも登校（投稿）出来る学校」となっております。

この「学校」を運営しているのは、TOMO、りっきぃ、ごまだんごの三人です。

私たちはYouTubeで各々ホラーを主としたオカルト系のチャンネルを運営しており、怪談話を朗読したり、考察したりしています。

その活動を通して私達三人は知り合いました。

いつしか「この三人で一緒にホラーをもっと知りたい。面白いことがしたい」という気持ちになり、この学校を設立する運びとなりました。

世の中には怖い話や奇妙な話がたくさんあります。Horror Holic Schoolに投稿された話はいままでにおよそ一四〇〇話あります。様々な恐怖の話が全国から寄せられています。

そのジャンルは三つ。

「怪談」主に幽霊が出現し、人間に影響を及ぼす話。
「人怖」生きた人間のリアルな恐怖を描いた話。
「不思議な話」日常の生活において、説明がつかない不思議な現象を記した話。

この本には、それぞれのジャンルに投稿された恐怖譚より、選りすぐったものを収録しました。

全国にいる我が校の生徒たちが体験した恐怖の数々……読者の皆様にもご堪能いただければと思います。

目次

怪談

お迎え

Hさんが珍しく浮かない顔をしていた。

理由を訊くと「気がかりなことがある」と言う。

僕と出会う三年前に、Hさんの母方の祖母は亡くなっている。

癌で入院し、長く苦しい闘病生活を送っていた。

そんな祖母が、亡くなる前に不思議なことを言っていた、と先日行われた三回忌の法事の席で親族が話していたのだという。


Hさんの祖母が亡くなる二週間ほど前のこと。叔父夫婦が当時小学三年生の息子のK君を連れて、祖母が入院している都内の病院へとお見舞いに行った。

孫のお見舞いに祖母は喜び、K君は祖母に向かって、

「ばぁばが帰ってきたら僕が卵かけご飯を作ってあげる」

と約束をしたのだという。

祖母はとても嬉しそうにK君と指切りをした。

それから三日後、今度はHさんの母親がお見舞いに行った。

すると祖母はこんな話をはじめたという。

「消灯時間を過ぎて寝ようとしていると、パタパタパタッと廊下を走る足音が聞こえるの。足音は個室の前で止まって、スーッと引き戸が開かれて……。十五センチくらい開かれた隙間の、丁度手すりの高さから女の子が覗《のぞ》くのよ。なんにも言わないで、ただじっと私を見ているの」

Hさんの母親がギョッとして黙っていると、祖母は、

「孫との約束があるから、まだ行けないの、って言ったら黙って帰っていったわ」

そう言うと静かに微笑《ほほえ》んだ。

Hさんの母親は、「皆待ってるから早く良くなって」と、励まして帰ったという。

それから数日経って、祖母の外泊許可が下りた。

祖母はもともと住んでいた叔父夫婦の家に戻ってきて、孫のK君との約束だった、卵かけご飯を美味しそうに食べたのだという。

翌日、叔父夫婦は祖母を病院に送っていった。病室でベッドの側で談笑していると、横たわっていた祖母が突然自分の携帯電話を取って耳に当てた。

その時、祖母の携帯電話には電源が入っていなかった。なのに、それを耳に当ててると祖

母は、

「もしもし、はい。もう大丈夫です。来てくださいな」

誰かと会話をして、その携帯電話を置いた。そして唖然としている叔父夫婦に向かって微笑みながら言った。

「お迎えを呼んだから」

叔父は気味が悪くなって、「冗談はやめてくれ、明日も来るから」と言うと、病院を後にした。

しかし家に向かう途中に、病院から祖母の容態が急変したという連絡を受けた。すぐに病院に戻ったが、祖母の最期には間に合わなかったという。

ここまで話を聞いた僕は、Hさんに「それで、何が気がかりなの？」と聞いてみた。

するとHさんは、「実は…」と言いにくそうに、続きを話し始めた。

Hさんの父方の祖母はAさんといい、現在八十代だがとても元気だという。Hさんはよく会いに行っていた。

先日、Aさんの家に行った時、おかしなことを言い出したという。

Aさんが深夜二階で寝ていると、階段を上がってくる足音が聞こえたので、起き上がって視線を向けると、そこに白いワンピースを着たオカッパ頭の少女が立っていた。

びっくりして「どこの子？　誰と来たの？」と思わず聞くと、少女は踵《きびす》を返して階段を降りていった。追いかけて一階に降りたが、そこには少女の姿は無かった。玄関のドアを確認したが、鍵は掛かっていた――。

「あれはなんだったのかしらね？」

Aさんはそう言うと、首を傾《かし》げていたという。

Hさんは先日に叔父さんから聞いた祖母の話を思い出した。

怖いのと同時にAさんを「あの何か」が迎えに来てしまうんじゃないかと心配で仕方ないのだという。

怪談

肝試し

これは私が大学三年生の夏に起きた出来事だ。

その夜、サークル仲間のA、Bと茨城県にある、とある廃屋に肝試しに行った

現在では住み手が見つからず廃屋になっているその家は、昔はそこに家族四人が住んでいたという。いつからか誰も住まなくなり、「惨殺死体が発見された」とか「呪いの儀式が行われた」などの噂が立つようになった。そんな噂の影響もあり、山の麓にひっそりと佇む廃屋は心霊スポット化し、多くの肝試しをする輩《やから》が寄り付く場所となってしまった。

今回その噂を聞きつけたAが、私とBを誘ってその廃屋へと向かうことになった。

時刻は深夜一時過ぎ。Bの車に三人は乗り込んだ。

国道を抜け、舗装されていない道路をグラグラと揺れる車で通過していく。あたりはひと気がまったくない田舎道で、街灯もポツポツと点灯しているだけでかなり暗く、肝試しにはもってこいの雰囲気だった。

その空気に圧倒された私たちは、暗くなった車内を盛り上げようと、しりとりなどの単純なゲームを始めたものの、まったく盛り上がらず、だんだんと目的の場所へと近づいて

いった。

廃屋は、突然暗闇からスッと現れた。ズズズ……と聞こえるような、不気味なオーラを醸《かも》し出している。

さすが噂になるほどの廃屋だ。今まで行ったことのある、どの心霊スポットとも違う気がするほど、邪悪な印象が強烈だった。

二階建ての家のあらゆる壁に蔦《つた》が絡《から》みつき、黒い影を落としている。それはまるで黒いひび割れのようでもあり、脈打つ血管のようでもあり、得体の知れない生き物のようにも思える。私たちは、ただただ無言で車の中からそれを眺めていた。

数分も経っただろうか。Aが「……おい」と言い、私とBは我に返った。

いそいそと車から出ると、持参した懐中電灯を一つずつ持ち正面に立った。

「着いたぞ」

「すげえところだな……」

懐中電灯を点けて照らすと、正面玄関の割れたガラスから中のキッチンが見える。

「この家で惨殺死体が見つかったのは本当らしい。ほら、噂によるとそこ！　強盗に襲われた奥さんがその二階の窓から身を乗り出し、助けを求めようとしたところで包丁で刺され、息絶えたらしいよ。遺体が発見された時、奥さんは窓から上半身を出し、髪がだらんと垂れ下がって、その髪の間から見える目は酷く充血し、口を大きく開けていた。この女性がこの世に対する未練があり、実際に幽霊となって現れる傾向が高い……ふむふむ……なるほどなぁ……」

二階の窓を懐中電灯で照らした後、Aがスマホで心霊スポットを紹介するサイトを表示し、画面をスクロールしながら、淡々と廃屋について語っている。

私とBは段々と気持ち悪くなり「おいやめろよ……めっちゃ怖《こえ》えじゃん……」と言うと、Aはハッと我に返ったのか、「あぁ！　いやぁごめんごめん!!　ちょっと興奮してたわ」と、スマホをスボンのポケットにしまった。

「じゃあ行こうか」とAは正面玄関に向かい、その後を私たちも続いた。

「……お邪魔しまぁす」

虚空に言い放ちながら玄関をくぐると、屋内の内装がよく見えてきた。

キッチンには家族で使っていたであろうテーブル。リビングには古びたテレビが置かれ、その上には招き猫の置物までそのままだ。誰が着ていたのかわからないが、床には服が散乱しており、新聞が湿った状態で置かれている。

実際に誰かが住んでいたであろう光景と、それが壊れてしまった現状を目の当たりにすると、やはりなんとも言えない気持ちになった。

それと同時に、誰かの視線がチラチラと感じられる。懐中電灯の隙間を掻《か》い潜《くぐ》ってこちらを見ている——暗闇の奥から気配がある。

AとBもそれを感じたのか、ギクリと動きが悪くなった。私も息が重くなり、なんとも落ち着かない感じになった。

「おい……さっさと問題の二階の窓のあたりを調べて、帰るか……」

Aがそう言うと、私とBは無言でうなずき、ギシギシと軋む床を踏みながらリビングを通過し、トイレ横の階段を私が先頭となってそろそろと二階へ——。

その時。階段の上から強烈な視線を感じ、そちらにバッと懐中電灯を向けると、光に照らされた先にフッと何かが通過していった。

あ！　と思ったら、髪が長く白いボロボロの服に血だらけの顔をした女が、こちらを睨《にら》みながら口をパクパクさせ、スーッと左へ通過していくのがわかった。

「おい！　おい！　どうしたんだよ‼」

Aが固まっていた私に声をかけた。我に返った私は「あぁ……ごめん。階段がよく見えなくてさ……」と咄嗟《とっさ》に言い、きっと気のせいだと思いながら階段を上りきった。

現に、AとBはそれを見ていない——。

階段を上った先に、右と左に部屋が一つずつある。先ほどの女が行ったのは左の部屋だ。

気のせいだとは思いつつも、私は左の部屋に行くのが怖かったので、右の部屋に行くことにした。AとBも私の後ろについて団子状態になって、部屋に入ることに。

ドアを開けるとそこは……何もなかった。一面白い壁の部屋には物は何も置かれておらず、窓もない。納戸《なんど》のような部屋だった。

「なんだこの部屋……なんもねえな」とBが言うと、Aが「じゃあ窓があるのは左の部屋か……」と声を上げた。

（さっきの女が行ったのは左……やはり左の部屋なのか……）

嫌な予感がしたが、今度はAが先頭で私は最後尾になり、向かうことにした。

ドアをガチャリと開け左の部屋に入るA。それに続くB。私も部屋に入ろうとし、懐中電灯でドア前を照らす。

すると、目の前に、顔を突き合わせるような状態で女が立っていた。

怒りにも悲しみにも近い表情で、私を睨んでいる。口を先ほどと同じようにパクパクと何かをしゃべっているかのように動かしながら、私の目を凝視している。

人間は本当に驚くと一言も声が出ないと言われるが、本当だと実感した。

声がまったく出せない。

「おい！　大丈夫か⁉　おい‼」

私の異変に気がついたAとBがそう叫んでいるのが聞こえる。しかし、その声に応えることが出来ないまま息が乱れ、視界が真っ暗になっていき、私はその場に倒れてしまった。

――気がつくと、そこはBの車の中だった。

舗装されていない道路を運転しているのか、車内はガタガタと揺れている。

「お‼　起きたか‼　いやぁびっくりしたよ！　心霊スポット情報を話してたら突然白眼になって口をパクパクさせながら気絶するんだもんなぁ！」Aが言う。

「病院行くために引き返そうと思ったんだけど、良かった〜無事で！」Bが言う。

窓の外に目をやると、見たことのある道だ。

街灯がポツポツとある薄暗い道、正面には山が見えている。

「なぁ……これどこ向かってるんだ？」

「どこって、あの廃屋行くって言っただろ？」

「え？　いや！　さっき行ったじゃないか‼　そこで俺は倒れて……」

「何言ってんだよ！　来るのは初めてだし、お前が一番今日を楽しみにしてただろ？」

「いや、そんな……」

言っている間に車は停まった。

「着いたぞ」

「すげえところだな……」

先ほど来たはずの廃屋が目の前にある。

AとBが感嘆の声を上げた。

……その後は中に入ることなく、自宅へと帰った。

私が見たあの光景はなんだったのか。

「ここに来るな」という、そこに住む幽霊からのメッセージだったのか。

不思議な話 クラクション

以前も体験談を取材させて頂いたことのある、葬儀社で働いていたSさんから聞いた話である。

今では親元を離れて暮らしているSさんだったが、最近実家に帰った日があった。忙しい仕事の合間に取れた久しぶりの連休だったので、たまには家族とゆっくり過ごすのもいいと思ってのことだった。

久しぶりに実家の空気に触れ、家族と談笑し、夜の早い時間には寝てしまったそうだ。最近は仕事にばかり打ち込み、こうしてぐっすりと寝るのも久しぶりのことだったので、Sさんは深い深い眠りに就いた。

朝に弱い彼女だったが、早くに目が覚めてしまった。それは良いのだが、時計を確認するとまだ六時。折角の休みなのにもったいないと思い、そのまま枕に顔をうずめて惰眠《だみん》を貪った。しかし二度寝は深くは眠れず、結局二時間もしないうちに起き上がってしまった。

台所で母と朝の挨拶《あいさつ》を交わし、父と弟は朝の散歩に行ったと聞かされる。なんとも殊勝なことだ、と思いつつ、Sさんはぼーっとする頭を覚ますため胃にコーヒーを流し込んだ。

しかしどうにも気分が釈然としない。次の日が休みという解放感と実家の寝慣れたベッドで睡眠を取ったというのに、なんだかモヤモヤする。

まだ寝ていたいのに、誰かに無理やり叩き起こされたような……そうだ、朝早くに一度、目が覚めたあの時に……とぼんやりとだが、目が覚めた理由を思い出した。

そうだ、音だ。大きな音がして目を覚ましたのだ、とSさんは思い出した。

どんな音だったっけ、やけに聞き覚えのあるような——。

長いこと記憶の中を探っていると、ようやく音の正体が掴めた。

それは、車のクラクションだった。

思わず耳を塞《ふさ》ぎたくなるほどに大きな音だったように思う。近くで、それもかなり長いこと鳴っていたような気がする。

早朝に自分が起きた時の記憶が、霧が晴れるように鮮明に思い出せてきた。

近所を通行した車が鳴らしたのだろう、まったく迷惑な話だ、とSさんは不満を抱く。

折角の休みの朝、本当ならまだベッドでゴロゴロしていたかった。

と、ここまで考えて、Sさんは妙なことに気がついた。そういえば、車のクラクションの音が、やけに間延びしていた気がする。

耳がその間延びの具合を覚えている気がする。聞き覚えがあるような——確かあれは体感で、二秒、いや三秒……もっと長かった気さえする。

いくらなんでもそんなに長くクラクションを鳴らしたりするだろうか。住宅街の早朝にである。Sさんはさらに気づいた。

聞き覚えのあるような、間延びした車のクラクション――。

Sさんは、自分が葬儀社に勤めていたことを思い出した。

あれは、霊柩車の音だ。出棺の時の――。

「ねぇ、最近誰か亡くなった?」

思わず母にそう聞いたが、ご近所ではいないとのこと。その後、帰ってきた父と弟に聞いても、最近は誰も亡くなってないはずだ、と同様の答えが帰ってきた。

「何をそんなに人様の死が気になるのか、葬儀屋の職業病だ」とも言われた。

Sさんも確かにそうなのかもしれない、と思い直した。葬儀に関わることが多く、なんでもそれと関連付けてしまうように癖になっているのかもしれない。

単に自分が寝ぼけていたか、または夢で聞いた音だったのかも。

Sさんはそう思い直し、久しぶりの家族との休日を楽しんだ。

それから数日後、近所のお婆さんが亡くなった。

同じ地区で、Sさんが小さい時から顔見知りの優しいお婆さんだった。

慌ただしく通夜、葬儀と執り行われ、出棺の時。霊柩車が出発の合図でクラクションを鳴らしたその瞬間、Sさんはあの日の朝のことを思い出した。

それは、その日の早朝に聞いた音と、何もかもがまったく同じだった。長さも、聞こえ方も、大きさも。

「ただの職業病だといいんですけどね」

これじゃまるで、死神になったような気分ですよ。

聞こえたのはその一回きりで、今のところ、まだ二回目は聞こえていないという。

怪談

より子ちゃん

小学校に入学したばかりの息子の誕生日を祝いながら、ボクはあることを思い出していた。

小さい頃、ボクは体が弱く、病院の先生からは「ハタチまで生きられないかもしれない」と言われていたらしい。

……らしいというのは、ボクがハタチの誕生日を迎えた時に、母親から涙ながらにそのことを聞かされて初めて知ったからだ。

確かにボクは小さい頃病弱だったけれど、まさかそこまでひどい病状だったなんて、それまで一度もそんなことを言われたことがなく、今にして思えば両親はボクの病気のことを隠して、懸命に支えてくれていたんだな、と思う。

そのことにはもちろん感謝している。

こうして自分自身が親になってみると、やっぱり子供の幸せな未来を夢見るのが親というものなんだなと、改めて実感がわいてくる。

ただ、ボクも実は両親には隠していたことがあった。

それは「より子ちゃん」の存在だ。


確かあれは十一月も終わろうとする頃だったと思う。

小さなボクを連れてS大学病院を訪れた母は、その帰りに教会の前で足を止めた。別にクリスチャンではないのだが、教会はもうすぐやってくるクリスマスの準備でキレイにイルミネーションで飾られ、しかもこの日はバザーが開かれていたのだ。

信者の人たちが持ち寄ったのか、教会はまるでフリーマーケットの様相だ。

教会と繋がるキリスト教系の高校からも応援が来ており、屋台も出ていて学園祭のような賑《にぎ》わいでもある。

「ねぇ、ちょっと見ていこうか」と母は目を輝かせてボクを誘ってきた。

嬉しそうな母の顔を見てボクも喜んで教会に足を踏み入れた。

しばらくして、やはりというか、体力のないボクにバザーを見て回る力はなく、ボクはすぐさま座れるところを探して一休みすることにした。


そこは教会である。

信者の人たちが座る場所がいくらでも用意されていた。

ボクは母に「ここにいるから見てきていいよ」と言ってあげた。

いつものことである。もう慣れっこだ。

しばらくひとりで椅子に腰掛け、ぼんやりとステンドグラスやキリストの像を眺めていた。

キレイなものである。と、ステンドグラスから射す木漏れ日のような光の中に、ひとりの少女がたたずんでいるのが見えた。

薄暗がりの中からゆっくり現れた彼女は、自分と同い年くらいに見えた。

病弱だったボクと同じように白い、まるで透き通っているかのように、うっすらと光っているように見えた。

彼女はボクのそばまで静かにゆっくりと近づいてきた。

きっとこの子もボクと同じで、お母さんが買い物から戻るのを待っているんだろうな……。

そんな風に思っていた。

「こ……こんにちは。お母さん待ってるの?」

そう訊くボクに、少女は静かに首を振る。

どうしよう……。女の子とおしゃべりしたことなんかないから、何を話せばいいのかわからない……。

「な……名前はなんて言うの？」と訊くと、また静かに首を振る少女。

「名前……わかんない」

消え入りそうな声で少女がつぶやく。

「えっ？　名前わからないの？」

ボクは驚いたのと同時に突飛なことを言い出した。

今思えば子供だったからと言い訳したいのだが、ボクはその時「じゃあ、名前を付けてあげるよ！」と言ってしまったのである。

いろいろ考えた挙句に付けた名前が「より子ちゃん」であった。

なんのことはない、前の日にテレビで見た映画の中に出てきたヒロインが「頼子」という名前だったのだ。

「じゃあキミの名前はより子ちゃんにしよう」

そう言うと、少女の顔はパァっと明るくなり、笑顔がこぼれた。

ボクは何か一緒に遊ぶものはないかと考え、お父さんにもらった小さな万華鏡のキーホルダーをポケットから取り出し、

「ほら、ここから覗いてごらん。キレイだよ」

と言って、より子ちゃんに手渡した。

万華鏡を覗いてしばらく呆けている彼女。それをまた返してもらってボクも見る。貸したり返したりしながら時間が過ぎていく。

なんとなくだけど、僕らの周りだけ少し光っているような気もするし、十一月だというのになんとなく暖かい。

暖房のせいだけではないような気がする。

より子ちゃんと一緒にいると、なんだか暖かい気持ちになってくる。


そうこうしていると、母親が戻ってきた。

そんなに時間は経っていないが、急いで見て回ってお宝をゲットしてきたらしく、ホクホク顔である。

「もう帰らなくちゃ」

ボクはそう言いながらより子ちゃんのほうを向くと、彼女はもういなくなっていた。

母親に手を引かれながら何度も振り返るが、より子ちゃんの姿を見つけることはできなかった。

ボクは突然できて、そしてさよならも言えなかったガールフレンドのことを母親には内緒にした。

なんとなく恥ずかしかったからだ。

そしてなぜかその日から、ボクの体調は少しずつ良くなっていった。

次により子ちゃんに会ったのはその翌月、まさにクリスマスイブの日である。

S大学病院からの帰り道に、今度はボクが母親におねだりをして教会へ寄ってもらったのだ。

クリスマスの派手なイルミネーションだけではなく、教会の中は温かな色の照明で照らされ、高校生らしき合唱隊の讃美歌が響いている。

ボクと母は中に通され、それを鑑賞することができた。

しばらく讃美歌に聞き入っていたその時、ボクの隣にスッとより子ちゃんが現れたのだ。

思った通り、やっぱり教会でまた会うことができた。

そしてクリスマスイブである。

ボクは密かに用意していたプレゼントをより子ちゃんに手渡した。

そうはいっても、女の子に何をあげれば喜ぶのかよくわからなかったボクは、当時自分がハマっていた鉱石採集セットの中から、可愛いピンク色のローズクウォーツを持ってきて、それをプレゼントにしたのだ。

しばらく目の前にローズクウォーツをかざして見て、笑顔になるより子ちゃん。

「よかった。気に入ってくれたみたい」

それからより子ちゃんはボクの隣に座り、ボクの手をずっと握っていた。

暖かい空気に包まれている気がする。

母とボクとより子ちゃん三人で並んで静かに讃美歌を聞いていた。

なんだか世界がとても美しく感じられた。

でも、母にはより子ちゃんが見えないのだろうか？　まるで気づくそぶりがない。

それでも構わない。

ボクは深く静かにこの暖かい世界にまどろんでいた。


「ほら、もう帰るわよ。起きて」

母親の声でボクは目を覚ました。

どうやら少し眠ってしまったらしい。より子ちゃんもいなくなっていた。

ローズクウォーツはなくなっている。より子ちゃんが持ち帰ったのは間違いない。ボクの体調はそれからさらによくなり、元気に走り回ることもできるようになっていった。

それから何度か、より子ちゃんと会うことができた。

買ってもらった自転車で教会まで行くと、教会の外で待っていてくれることもあった。が、教会の門から外に出ようとはせず、いつもそこでお別れとなった。

「外はコワイ」と言うのだ。

ボクの体調はすっかり良くなり、それまで体を使って遊べなかった反動からか外で運動することが楽しくなり、次第に友達もたくさん増えた。中学生になる頃にはいっぱしの「男子」になっていた。

より子ちゃんに会いに行くことはなくなり、やがて、決定的なことが起きた。

押し入れの中を片づけている時に、小学生時代にハマっていた鉱石採集セットが出てきて、あのより子ちゃんとのクリスマスイブのことが思い出された。

ボクは急に会いたくなって、久しぶりに自転車で教会まで行くことにした。

雲行きが怪しい。なんとなくもうすぐ雨が降りそうなそんな天気だ。急ごう。

教会の門をくぐってしばらく待ってみる。

小さな声で「より子ちゃん」と呼んでみる。しばらくするとより子ちゃんがスーッと静かに横に現れた。

そしてこの時、あることに気づいてしまった。

初めて出会ってから数年が経ち、自分は中学生になり背も伸びたのに、より子ちゃんは昔のままの小さな少女なのだ。

そのことに今更ながら気がついて、自分の中に強い違和感を持ってしまった。

いや、その可能性は薄々気づいていたはずなのに、信じたくない気持ちがそうさせていたのか……ボクはより子ちゃんに質問をした。

「もしかしてより子ちゃんって……幽霊……なの？」

その瞬間、より子ちゃんはうつむいて、少し悲しい顔になった。

青白い顔がさらに青白くなっていくような……そして今度は悲しそうな目でボクを見ながら、だんだんうっすらと消えていった。

ボクは驚き、唖然《あぜん》としながらも、言ってはいけないことを言ってしまったんだと激しく後悔した。

雨が降る中、ボクは自転車を走らせ家路についた。

顔を濡らしているのが雨なのか、涙なのかわからなくなっていた。

それからというもの、もう二度とより子ちゃんに会うことはなかった。

「ねぇパパ……どうしたの？」

息子の声にハッとして我に返る。昔の思い出に浸《ひた》ってしまっていた。

そうだ、今は息子の誕生パーティの最中だった……。

「ああ、ごめんごめん、そうだ、お誕生日プレゼントがあるぞ～」

プレゼントを取り出そうとした時、息子が手のひらを見せてこう言った。

「あのね、より子ちゃんって子がプレゼントだって、これくれたよ！」

「えっ……？」

ボクは驚いて息子の手のひらを覗き込んだ。

そこには、あの懐かしい、小さなローズクウォーツが輝いていた。

怪談

白昼夢

平日の昼間、私は出張のため新幹線に乗っていた。

車内には私以外には乗客がちらほらしかいない。

平日の昼間で混まないことは予想されたが、余計なことで疲れたくなかった私は指定席を取って座っていた。


しばらくは窓の景色をぼんやり眺めていたが、トンネルが続くようになると、買っておいた雑誌に目を移した。

それでも頭にあるのは現地での視察や打ち合わせのことで、やや気が重い。

天気が良いのだけは救いだ。

ペットボトルのお茶に口をつけ、少し寝ようかと思った時だった。

突然頭にとある映像が浮かんだ。

それは新幹線車内の様子――だが、私のいる車両ではない。

私が実際に見ている景色ではなく、頭の中に直接浮かぶように、その映像は見えている。

いや、見させられているのだろうか？

とにかく奇妙なことに、その映像は勝手に頭に流れ込んでくるようだった。

それは、新幹線の車両の真ん中の通路を、長い髪の女が歩いている映像だった。

ただ、その女の姿があまりに異様なのだ。

頭頂部から右側頭部がえぐれたようにない——まるで頭が半分ないような状態なのである。

そして頭をカクンと折ったように曲げて、顔を左に向けている。

無表情だが口はアーッと叫んでいるかのように大きく開けられている。

服装はブラウスにスカートと普通なのだが。

そんな女が、フラフラと新幹線車両の通路を歩いている——そんな映像が頭に浮かんで離れなくなった。

女は映像の中で、足を止めることなく歩いている。

車両が変わる。女は歩き、ひたすら前に進む。車両が変わる——。

私は嫌な予感がしてきた。

これは、この新幹線の中で実際に起きている映像なのではないだろうか？

このままでは女が、私のいる車両にやってくるのではないか？

そしてそれは明らかにこの世の者ではないのではないか？

馬鹿げた考えではあるが、思えば思うほど私は本当に怖くなった。

真っ昼間の明るい車内である。ちらほらではあるが、周りに人もいる。

いざとなったら周りの人に助けを求めよう。ひとりじゃないんだ、なんとかなる。

そう自分に言い聞かせても心臓はバクバクと鳴り、呼吸は浅く速くなる。

汗が頬を伝った。

映像は途切れず、私の頭の中で流れていく。

やがて、女が次の車両へ移ろうと扉を開けた瞬間、私の座っている車両前方の扉も同時に開いた。

私はヒュッと喉で悲鳴を上げた。

が、扉を開けて入ってきたのは中年の男性だった。

私は一気に気が抜けて、心の中で「おっさんかいっ！」なんてツッコミを入れ、本当に安堵した。

同時に、頭に浮かんでいた映像も消えた。いったいなんだったのかと一人で苦笑する。

白昼夢。そう、白昼夢だったのかもしれない。
それとも、私は本当に一瞬でも眠ってしまっていたのだろうか?
中年の男性はキョロキョロした様子で通路を歩いてくる。
そして私の座席の横を通り過ぎようとした。
そのおじさんの背後……何かいた。
それは腰にしがみつくあの女だった。

怪談 呪いの箱

十年以上前の話です。

私は仕事で船に乗っていました。船といっても漁船ではなく、貨物を運搬するいわゆる商船です。私が勤めていた会社はそこまで船員の数が多くないため、少ない人数で休みを回すしかなく、当時は長い時間を船で過ごしておりました。

とある港で荷物の積み下ろしをして船が離岸したのち、船員の一人が船内の通路で小さな箱を拾いました。

その箱は真四角で、両手で包めるくらいの大きさです。

材質は鉄製で緑青《ろくしょう》がだいぶ出ていて、うっすらと繋ぎ目のようなものが見えます。振るとわずかに音がするので中に何か入っているのは間違いないのですが、開け方がわからず何が入っているのかはわかりません。

私を含め、他の船員も誰もそんなものは知らないとのことだったので、さっきの港で船に出入りしていた人が落としたのだろう、連絡があれば次の港で郵送なりすればいい、ということで船のサロンに置いておきました。

翌日から、船員たちの身内に不幸が起こるようになりました。

幸い死人は出なかったのですが、奥さんや子供が事故などで立て続けに病院に運ばれたという知らせが船に入り、身内の船員たちは次の港で急遽、休暇の人間と入れ替わって下船することになりました。

私は独り身で、両親ともに早くに亡くしているので、そういった知らせはなく、そのまま船に残っていました。

船員には男性が多いのですが、私の会社では一人だけ女性の船員がいました。

今回の騒動で、休暇中だったその女性（仮にYさんとします）も船に乗ることになり、港を離岸した翌日のことでした。サロンでYさんと談笑していると、棚に置かれたあの箱を指さし「これ、なに？」と訊かれました。

そういえば箱の問い合わせなどの連絡は何もなかったな、と思い、棚から箱を持ってくるとYさんに経緯を説明し、二人で「なんだろうね」と箱をいじっていました。

すると急にYさんが椅子から立ち上がると、おもむろに壁に頭をぶつけ始めたのです。

突然の出来事で私はフリーズしましたが、なぜか上着のポケットに箱を滑り込ませると、すぐにYさんを押さえながら他の船員を呼びました。

その間もYさんは「うぅ〜っ」と低い声でうなりながら暴れています。

集まった船員たちでYさんを押さえながら寝室へ運び込むと、急に気を失ったのかベッドに倒れ込んでしまいました。

次に停まる港はそれから二時間ほどだったので、到着したと同時にまたも休暇の人間と入れ替わる形でYさんは下船し、病院へ運ばれることになりました。結局、付き添いで私も降りることになりました。

病院で目を覚ましたYさんは何も覚えておらず、大事をとって入院することになり、私はそのまま休暇ということになりました。

ようやく、ポケットに入れていた鉄の箱のことを思い出し、そういえばこの箱を見つけてからこの一連の騒動が起こっていることに気がつくと、急に怖くなりました。

知り合いに霊感の強い人がいたので、電話で相談してみたところ、

「実物を見ていないのでなんとも言えないが、念のためお祓《はら》いをしてもらったほうがいい」

とのことでBさんという方を紹介してもらい、翌日にはBさんのもとへ向かいました。

Bさんは初老の強面《こわもて》の男性で、私が取り出した鉄の箱を見た途端に、

「あんた、えげつないものを持ってきたみたいやな」

と声を上げました。

「この箱のことですか？」

Bさんは顔を強張《こわば》らせながら言います。

「それは呪物の類やけど、そんじょそこらのものとは比べ物にならん。幸い力はだいぶ弱まってるみたいやから死人は出んかったみたいやけど、俺では対処しきれん。とりあえず預かって専門的なとこへ持っていくことにする」

「そんなにまずいものなんですか？　それとも中に入っているものがまずいのでしょうか？」

「中身がこの呪物の本質で、箱を壊したりしてたらやばかったやろうな」

そう言われ、無理やり開けたりしなくてよかった、とちょっとホッとしながら、

「ちなみに、何が入っているのかBさんはわかるんですか？」

と聞くと、Bさんは声を落として言いました。

「正確にはわからんけど予想はできる。やけどそれを聞いたら後悔することになるで？」

私はそれ以上の追求をあきらめて、箱をBさんに任せました。

それ以降、私には何も起こっておりませんが、Yさんはその出来事から数ヶ月後に原因不明で急死してしまい、Bさんとは連絡が取れなくなっています。

いったい、あの箱の中身はなんだったのでしょうか?

ネットでたまたま見つけた怖い話のなかに、似たような箱が出てくる話がありました。有名な話みたいなので好きな人は御存知かもしれないです。

材質などが違うので、同じものなのか似せて作られたものなのか、まったく違うものなのかはわかりませんが、同じ類のものだったとすれば中に入っていたものは……と考えると気分が悪くなります。

以上、何か霊的なものが出てくるわけでもなく、箱の正体もわからずじまいでなんとも言えない結末ですが、私はすごく怖かったので投稿させていただきました。

怪談

喧騒と、その後

あれは大学生の頃、暇を持て余して特に行き先もないままに、友達二人とドライブをする約束をした夏の平日のことです。

雨が降っていました。

二人の友達のことをA、Bとしておきます。

ドライブに関しては何も突発的なものではなく、日頃からよく行っていました。

車を持っていなかった僕は、車好きのAに誘われるままに、彼が握るハンドルに身を任せていました。

Bはその頃、バイトをしていなかったので、ほぼ毎日のようにAとつるんでいたのではないでしょうか。

大学は田舎の辺境の地にあり、本当にすることが何もなかったんです。

そんな彼らとの待ち合わせはいつも昼過ぎでした。準備ができ次第連絡して、集合するという、いかにも大学生らしいものです。

「いつもの通りを抜けた先の駐車場で待ってるわ」

その日の三人のグループラインでAが言いました。どうやらBはもう合流し、Aと一緒にいるようでした。

僕の家の近所は道幅が狭い上に一方通行ばかりだったので、いつも車で迎えに来てもらう時は、家から出てすぐの角を曲がって、商店街を抜けた先にある駐車場で落ち合うことにしていました。

迎えに来てもらっておいてなんですが、そこまで来るのなら雨の日くらい家の前まで来てくれよと思いながらも、その日、僕は家から出ていきました。

傘をさして歩きながら角を曲がると、すぐに商店街です。

商店街といってもアーケードがあるわけではないので、ただ小売店がたくさん並んでいる通り、といったところでしょうか。

商店街に入り小走りになって端まで行こうとして、五分ほど経ったとき――。

違和感がありました。

長くはない通りなので、いつも商店街に入ったあたりから、その先の出たところで待ち構えているAとBが目に入るのですが、この日は見えませんでした。

なぜか商店街が異様に人で混み合っていたのです。

普段は人がいても、数える程度のお年寄りや主婦しかいない寂れた商店街なのですが、この日は老若男女たくさんの人たちで溢《あふ》れかえっていました。

「人混み苦手なんだよなぁ、祭りでもやってるのかな」

そこにいる全員が傘をさしていて、僕も傘をさしたままうつむき気味にその人たちを避けながら歩きます。子供の笑い声が聞こえ、四方からは雨を蹴って急ぐ足音が聞こえてきます。早歩きではうまく避けきれず、傘と傘がぶつかってしまう――。

さっきまでの早歩きからさらにペースを上げて、商店街の先で待つ友人たちのもとへと向かいました。

傘をさしたたくさんの人たちを避けながら早歩きする――肉体的にも精神的にもいつもより少し疲れた状態でなんとか商店街を抜けると、すぐ近くの自販機の前で、待ちくたびれた様子のAとBが缶コーヒーを飲みながら僕に声をかけてきました。

「ちょっと遅刻じゃない？　昼飯奢《おご》りね」

いつもの感じでAが言います。

「いや、それは言い過ぎ。ここまでめっちゃ走ってきたから許してくれ」

少し疲れて不機嫌な僕がそう言うと、

「どこがやねん、見てたけどせいぜい小走りやろ」

　AとBが同時に文句を言います。

　続けてBが「全然急いでるようには見えへんかったけどな、何色のタイル踏んできたん？　大学生なんだからシャキッとして、こんななんもないところはさっさと抜けてきて欲しいわ」と言います。

　僕は最初、Bが何を言っているのか本当にわかりませんでした。

　怪訝《けげん》な顔をしているとAが「興味ないやろ、そんなん。早く飯食べにいこう」と、急かしてきます。

　そうだねと二人揃って頷《うなず》き、車に乗り込みました。

　動き出した車の窓からなんとなく商店街に目をやった時に、Bの言葉の意味がわかってしまいました。

　そこには、誰もいませんでした。

　雨の日の平日、人がいない寂れた商店街が目の前にある。むしろこの景色が普通なのですが、僕の頭は、先ほど人で溢れた商店街を見ているので、この光景を理解することを拒みました。

　あの混んでいた商店街を見ていたのは僕だけ。Bはおそらく、あちこちフラフラと早足で歩く僕を見て、あんなことを言ったのでしょう。

AとBには、何も聞けませんでした。

視界を覆うほどのあの雑踏は？　さっきまで聞こえていた子供の笑い声は？　雨を蹴る足音は？　傘と傘がぶつかるあの感触は？

全てが理解できませんでした。

あの商店街で心霊現象に関する噂話など聞いたこともないですし、そもそも今までそんなこと一度もありません。

冷や汗が流れ、全身から総毛立つのを感じながら、僕はAとBに対して、この体験を言いたい気持ちを飲み込みました。

こんなことを言ってもこいつらが素直に信じてくれるとは思えない、信じる信じない以前に色々な言葉を使って僕を馬鹿にしてくるんだろうなぁと思ったからです。

一瞬、こいつらのタチの悪い悪戯《いたずら》かとも思いましたが、それにしては時間と人員を割《さ》きすぎており、そんなことができるわけがないよなと、一人で鬱々《うつうつ》と考えながら現実逃避をしていました。

ここで話が終われば、「まぁ、たまによくあるお化けっぽい勘違いかな」と、無理矢理笑い話にもっていくこともできたのですが、僕が本当の恐怖を味わったのはこの帰り道でした。

いつもの三人でのドライブは、本当に僕が昼飯を奢らされたことを除き、楽しかったと記憶しています。

もう六年ほど前のことなのでどこに行ったかとか、どんな話をしていたとかは全然覚えていないのですが、奢らされた事実と、この後起こったことだけは脳裏に焼きついています。

僕を家まで送る途中、高速道路をまっすぐ走っていた時でした。

どの学科の誰が可愛いか、あのサークルのあいつら付き合ってるらしいよ、など本当にくだらない会話をしていると突然、

「見えてたでしょ?」

と聞こえた気がしました。

僕は後部座席に乗っており、助手席にB、運転席にAが座っていたのですが、後部座席からだと声が聞き取りづらく、どちらかが何かくだらないことを言っているのだろうと無視して流しました。

一瞬会話が途絶えた車内で、次はハッキリと聞こえました。

「見えてたでしょ?」

運転をしているAの口から出ていた言葉でした。バックミラーにはさっきまでとまったく同じ、にこやかな表情のAが映っていましたが、イントネーションや雰囲気は普段とは全然異なりました。

Aは普段、クセ強めの関西弁を使っています。

何がどのように違うかは説明できないのですが、すぐに、今声を発しているのがAではないことがわかりました。

「よけてたからね」

状況を理解できていない僕を無視して、Bが続きました。

昼に体験したことが頭をよぎりましたが、この瞬間は突然ふざけだした友達たちへの怒りが勝っていました。

「なんの話してるん? 意味わからんのやけど」

少しイラついて不貞腐《ふてくさ》れた僕は、バックミラー越しにAを睨んだまま答えました。

しかし、返答はなく二人とも交互に、

「見えてたでしょ」

「よけてたからね」

「見えてたでしょ」

「よけてたからね」

「見えてたでしょ」

「よけてたからね」

ひたすらに、淡々と言い続けました。

時間にするとおそらく三分もなかったと思いますが、体感では三十分ほどです。

二人とも相変わらず笑っているのですが、目だけはまったく笑っておらず、息継ぎもせず、不穏なイントネーションで言葉を発し続けます。

さすがの僕も、この逃げ場のない状況も相まって、恐怖から体全体の力が抜けていくのを感じました。

この時に初めて知ったのですが、人は本当の恐怖を感じた時、怒りにも似た衝動に駆られるようです。

相変わらず、わけのわからないことを言い続けるBの肩を乱暴に掴んで、

「いつまで意味のわからんことを言ってるん？　そういうの冷めるんやけど」

と語気を強めて警告しました。

この時、かなり力を入れたのにコンクリートの塀《へい》を掴んでいるのかと思うほどBが微動だにしなかったのも覚えています。

一瞬の沈黙が過ぎたあと、どちらともなく「見えてなかったのか」と、聞こえてきました。

その後すぐ、AとBは普段の調子に戻りました。

「やっぱり帰りにラーメン寄っていかん？」

「いいね、どうせ明日もなんもないし」

何事もなかったかのようにAとBは話しています。

Bが振り返り、「お前も行くやんな、大丈夫、ラーメンは漢気《おとこぎ》じゃんけんよ」と、しょうもないことを思いついた時の顔で話しかけてきました。

僕は適当に「行くよ」と頷きながら、「そんなことよりお前らさっき急にどうしたん？めっちゃキモかったんやけど」と尋ねました。

二人とも「はあ？」と妙な顔をしています。

結論を伝えると、二人とも何も覚えていませんでした。その時の二人の様子を伝えながら帰り道の間ずっと根掘り葉掘り聞いていたのですが、その間の記憶だけがすっぽりと抜けているようで、質問の意味もわかっていませんでした。

最終的には僕がおかしなことを突然言い始めたと少しイラつきだし、危うくラーメンまで奢らされそうになったので、適当に話を逸《そ》らしました。


以上が、僕が経験した中で最も怖い体験です。

この後は何事もなく家まで帰ることができました。

それからも商店街を通ることは何度もありましたが、特に何かが起こるわけでもありませんでした。

あの時の人混みはいったいなんだったのでしょうか。

「見えていた」とバレたら、どうなっていたのでしょうか。


もうかなり前の出来事なので時効かなと思い、ここに書かせていただきました。

ただ、これを書いている間、ずっとどこかで聞いたような声で、何かが話しかけている気がしているのですが、おそらく気のせいでしょう。

信じていなければ居ないのと一緒、が僕の信条なのですが、聞こえた部分だけは、最後に書いておきます。


「やっぱり、見えてたんだ」

怪談

内線

とあるコールセンターで契約社員として働いていた時の話です。

もともとアルバイトとして働き始めたコールセンターで契約社員に登用してもらい、張り切っていた頃でした。

そのセンターでは従業員が営業終了後に夜遅くまで勤務することが多く、私もよく最終退出者として事務所の施錠を行っていました。

近々システムの改修が入るということで、これまでと操作方法が変更になる点について、アルバイトの方々へ向けて資料を準備していた日でした。

通常の業務を片づけるのに思ったより時間がかかり、資料の準備が終わる頃には二十三時近くになっていました。

センターの営業終了時間は十九時なので、かなりの残業です。案の定、室内にはもう誰もいなくなっており、施錠担当は自然と私に決まっていました。

個人情報関連書類の入ったロッカーが施錠されていることと加湿器のスイッチが切れていることを確認して、最後に室内の電気を消します。

明かりを消すと、電話機が電源に繋がれていることを示す緑色の小さなランプだけが室内にポツポツと光って見えるのですが、百台以上も電話機を並べている広いセンターのため、静かな室内に無数の緑の光が並ぶ光景は少し奇妙です。

忘れ物がないかを頭の中で確認しながら、首から下げたＩＣカードをドア横のカード読み取り機にかざし、退出したあとで今度は外側の読み取り機に警備用のカードをかざして施錠――。

するはずだったのですが、ドアが閉まる直前、中から音が聞こえて、私はもう一度室内に戻る羽目になりました。

なんの音かまではわからず、一瞬、加湿器のボタンを押し間違えたのかな？　と思ったのですが、入ってすぐに正体がわかりました。

部屋の真ん中あたりのデスクで、電話機が鳴っているのです。

こんな時間に？　と思いましたが、別のビルで二十四時間営業しているセンターもある会社なので、そこの人たちと内線でやりとりすることは、珍しいとはいえおかしなことではありませんでした。

ただ、今鳴っているのは普段オペレーターが座るデスクです。

ほかのセンターにいる社員がオペレーターへ内線をかけることはほとんどありません。番号の押し間違いでこの電話機に繋がってしまったのかもしれませんが、どちらにせよもう消灯してしまっているということと、センターの営業終了時間から四時間も経っているということから、特段この内線に出なくても非難されることはないはず。

そう思ったのですが、わざわざ戻ってきてしまった以上無視するのもばつが悪い気がした私は、デスクまで行って受話器を取りました。

「お疲れ様です、〇〇です」

受話器の向こうからは、何も聞こえてきません。

タイミングが悪く、私が出たのと入れ違えで電話が切れてしまったようでした。

内線番号の表示を確認するのを忘れていたので折り返しのしようがありません。

仕方なく受話器を置いた瞬間でした。


――プルルルルルルル。

フロア内の電話機が、一斉に鳴り出しました。

電話機のモニターがバッと明るくなり、内線番号を映し出しています。

周囲を見回して初めて、事の異常さに気がつきました。どの電話機にも、同じ内線番号が表示されているのです。

そもそも営業が終了しているセンター内で電話機が一斉に鳴り出すことがおかしいという点に加え、ひとつの電話機から同時に複数の電話機に内線をかけることは不可能です。よくわからないけど、やばい。私は走って事務所を出ました。ＩＣカードの反応がこんなにも遅いと思ったのは初めてでした。

着信音を無視して警備用カードをかざし、鞄《かばん》を置いているロッカールームへと逃げ込みました。

イヤホンをして音楽を流し、無理にでも曲に意識を集中させてなんとか精神を守りながら、その日は帰宅しました。


翌日、出勤してすぐに、同僚たちに昨日夜遅くに電話機が一斉に鳴り出したことを話したのですが、「そうそう、ここ幽霊出るからねえ」と世間話でもしているかのようなトーンで返されてしまい、私の話を信じてくれている雰囲気は感じ取れませんでした。

しかし、一人だけこの話題に興味を示してくれた同僚がいました。私よりも一年早く契約社員として働いていた、Ａさんです。

Ａさんは私に「それで、その電話、出たの？」と聞いてきました。

私は同僚たちへの話の中に着信を無視して逃げたことは含めていませんでした。

Ａさんの興味、というよりは若干の問い詰めるようなオーラに圧倒されたことと、逃げたことをダサいと思われるかもしれないという小さなプライドから、私はその質問の返事にも「いいえ、出てないです」とだけ返しました。

Ａさんは私の返事に満足したような、安心したような表情で「そうか」と言って口を閉じました。

それ以上何かを追及されることも話題が盛り上がることもなく話はそこで終了したのですが、私の体験はそれで終わりではありませんでした。


あの出来事以来、できるだけ最終退出者にはならないように気をつけていたのですが、一緒に残っていた後輩が体調不良を訴えたので、残っていた仕事を私が預かり、後輩には先に帰宅してもらったのです。

結果として私は室内に一人になってしまいました。

あの出来事から、二週間くらいは経っていたと思います。

それでも全ての仕事を終えて時計を見るとまだ二十一時半過ぎで、あの日に比べればかなり早い退出です。

ロッカーの施錠を確認し、今日の当番が切り忘れた加湿器のスイッチを切り、室内の電気を消しました。

そしてそのまま事務所を出るために、ICカードに手をかけた時でした。


——プルルルルルル。


静かな室内に、着信音が鳴り響きました。

あの時と同じだ。直感的にそう思いました。

室内を見渡して鳴っている電話機を探すと、それは以前と同じ、真ん中のあたりのデスクでした。

光るモニターを見つけた瞬間、私はそこに向かって走り出していました。

今思えば、この時すでに気が動転していたのだと思います。

なぜか、この電話を取らなければいけない、という考えが頭の中を支配していました。

あの出来事のことはできるだけ思い出さないようにしていたつもりですが、無意識のうちに考えてしまっていたのかもしれません。

あの日、全部の電話機が鳴り出したのは、一度目に鳴った内線を取り損ねたせいではないか。そう思ったのです。

受話器に伸ばした手は震えていましたが、部屋の真ん中まで来て電話が切れてしまうことを考えると、その後を想像するほうが恐ろしいと感じました。

「……お疲れ様です。○○です」

絞り出した声も震えていました。

しかし、声を出したことで恐怖も吐き出せたのか、もしかしたら普通の内線かもしれない、と少し冷静さを取り戻すことができました。

声が震えていたせいで聞こえていなかったのではと思い、もう一度「お疲れ様です」と電話の向こうの相手に声をかけてみますが、返事はありません。

しかし通話は切れていないようで、モニターには通話中のステータスが表示されています。

「お疲れ様です。どちら様ですか？　どなたかに御用ですか？」

「……お前じゃない」

冷たく低い、男性の声でした。

気がついた時には通話は切れていましたが、私はしばらく受話器を耳に当てたまま動くことができませんでした。

そして、この日の出来事はなんとなく同僚たちにも話せませんでした。

男性の声を聞いた時、なぜかAさんのことが頭に浮かびました。

Aさんは私がまだアルバイトだった頃、よく遅くまで残業していたと聞いたことがあったのを、この時になって思い出しました。

あの内線は、誰宛ての内線だったのでしょうか。

あのあと正社員に昇格し、現在別のセンターに勤めている私には、もう関係のない話ですが……。

怪談

琵琶湖に棲《す》むもの

二日前、琵琶湖でお子さんが水の事故で亡くなりました。

そして今日また、同じように幼いお子さんが、琵琶湖で水の事故にあったと報道されていました。

いずれも、家族で遊びに来ており、浅い水深での事故、ということでした。

私はつい先日、琵琶湖で実際にあった怖い話を聞いたばかりだったため、本当にゾッとしました。


夫の仕事上の先輩から聞いた話です。

四十年ほど前のことですが、先輩は高校の水球部に親しい友人がおり、その人から夏休み明けに相談されたそうです。

水球とは、水中の格闘技と言われるほど激しいスポーツです。

泳ぎが達者なのは当たり前、その上で競技がなされるわけです。

先輩の高校の水球部では、日頃の過酷な練習とは裏腹な、夏合宿という名目のバカンス的な琵琶湖合宿が設けてあり、部員たちは毎年楽しみにしていたそうです。

その年も、琵琶湖まで徒歩で行ける距離の宿を取り、荷物を置いた部員たちは早速水遊びをしていました。

陽も傾き、宿へ戻ろうと集合をかけましたが、一人の部員が戻ってきません。

とにかく、泳ぎに関しては腕に覚えがある者ばかりだし、危険な箇所に敢《あ》えて近づくようなことは、水の競技に携《たずさ》わる面々としてはするはずがなく、先に宿へ戻ったのだろうとその場の誰もが思ったそうです。

そしてご想像通り、その部員は宿には戻っておらず、捜索の末に、遺体で発見されました。


さて、貴重な夏休みの思い出、皆が楽しみにしていた合宿です。

四十年ほど前にはデジカメも携帯も存在せず、フィルムカメラが主流でした。

合宿へ向かう移動中、宿へ着いてからの浮かれた様子など、その時々での撮影がなされておりました。

夏休み明けに先輩は、青ざめた水球部の友人から現像プリントが仕上がった写真とフィルムを見せられたのです。

そこには、亡くなった部員の直前までの元気だった姿もありました。

しかし、その部員を収めた写真すべてに、奇妙なものが写り込んでいたのです。

それは、その部員の背中あたりに写っていました。

大きさは五、六歳の幼児くらい。両腕の肘《ひじ》を直角に曲げ、部員の肩を押さえ込むようにグッと突っ張っているように見えました。まるで、地面にめり込ませようとしているように。黒く、モヤの塊のように形は曖昧《あいまい》なのに、何をしようとしているのかはわかった、と先輩は話していました。

すべてのその部員が写るショットに、そいつは必ずそのスタイルで一緒に写っていました。

いろんな角度、距離。すべてのその部員の写真に、写り込んでいたのです。

「フィルムも見たし、もちろん写っていた。どうしていいか、本当にわからなかった。その頃流行《はや》っていた心霊テレビ番組に出すとか、そんなふざけた気分には一切なれなかった。その写真がその後どんな風に処分されたのかはわからない。俺はそれから、琵琶湖の水にはどうしても浸《つ》かれなくなってな。いまだにダメだ」

普段は、還暦も近いおっさんとは思えない、楽しいイタズラを後輩に仕掛けるような、そんな先輩が真顔で教えてくれた話です。

不思議な話

耳栓

これは以前、引っ越しをした友人の新居での話。

友人が勤めている会社の部署が春から変わり、今までよりも通勤時間が長くなったことから、勤務先の近くに引っ越すことになった。俺も友人から手伝ってくれるようお願いされたので、二人で週末に引っ越しをすることになった。

そこまで物持ちではない友人だったので、作業は思ったよりも早く終わった。

「ちょっと近隣に挨拶してくるから、適当にくつろいでいてくれよ」

友人はそう言うと出ていった。友人の新居は築二十年ほどの二階建てのアパートだ。勤務先までひと駅で着くらしい。しばらくして友人が帰ってきた。

「わりぃ遅くなって、ちょっとコンビニまで行って酒を買ってきたわ。明日、何もないんだろ？　今日は泊まっていけよ」

俺たちは雑多に置いてある荷物を端に寄せ、テーブルを広げた。そして友人が買ってきた大量の缶チューハイを呑み始めた。

「そういや、近隣の挨拶はどうだったんだ？」

俺が訊くと友人は、

「あー、結構年齢層が高い人ばっかりだったかな、特にクセが強そうな人は居なかったから、まぁ普通に生活してれば問題なく暮らせるんじゃないかな。隣は留守だったけど」

「へぇ、女子大生とかだったらどうするよ？」

「たぶんなさそうだな、この感じは」

「そうか、ファ～あっと……なんか眠くなってきたな」

「おっ、じゃあそのへんに布団があるから適当に使ってくれよ」

昼間に引っ越しをして酒を飲んだので、なんだかんだで身体が疲れていたのだろう、酔っ払っていた俺は布団を敷き横になるとすぐに眠りこけてしまった。

そしてしばらくして、俺の身体が左右に揺り動かされた。

「おい……おいっ！　○○！　なぁ！　ちょっと起きてくれよ！」

「あーーーっ、もうなんだよ。地震かと思ったじゃねぇかよ……」

酔いが抜けてない状態で友人に起こされた俺は、とにかく頭が痛く、友人に少しキレそうになってしまった。

「俺もさっきまで寝てたんだけど、隣からものすごいおっさんの怒鳴り声みたいのが聞こえてきたんだよ…それで一気に目が覚めちゃって……」

「ええ、全然気づかなかったけど……てか雨が降ってるのか？　雨音しか聞こえないぞ？　たぶん酔っ払ってるから変な夢でも見たんじゃないか？　俺ちょっと頭、痛いからもう寝るわ……お休み」

結局あれから友人もすぐに寝てしまったみたいで、途中で起こされるほどの騒音はなかったという。

次の日の朝、友人に昨晩のことを詳しく聞いてみた。

「あとで隣人に挨拶してみたらどうだ？　まだ家にいるんだろ？」

「うーん、もしかしたら恐そうな人かもしれないからちょっと様子見てから行くわ」

完全に萎縮してしまった友人を俺は軽く励まし、アパートをあとにした。

そして一週間経って、友人に近況を聞いてみると特に何事もなく暮らせているとのことだった。

ただ、相変わらず隣人は家から出てこないらしい。

そして二か月ほど経ったある日のこと、夜中に友人から電話があった。

「あ、もしもし、どした？」

「やばいよ……また、こないだみたいに隣が怒鳴ってるんだよ。尋常《じんじょう》じゃない……」

「マジかよ、今も？」

「今もしてる、子供の泣き声もすごくて……」

「子供が居たのか？　なんか電話だとあんまり聞こえないが。……てかそれ虐待なんじゃないのか？　もしあんまり騒がしいようだったら、ひと言、言いに行ったほうがいいんじゃないか？」

「いや、こんな勢いよく怒鳴ってる中で注意なんかしにいけないよ、ましてや入居してまだ間もないし……なんか気まずいだろ？」

友人は少し気が小さいところがあり、問題を避けて通ろうとするところがあった。

とはいえ、正直、怒鳴り散らしている家に新参者がいきなり注意しにいく勇気は俺にもなかった。

「なぁ、今から家に来れないか？」

「今からかよ！　俺が行ったってしょうがないだろ。大家さんとかに相談できないのか？」

「大家さんはこのアパートに住んでないし、夜中に電話するのもなんか迷惑かと思って。あとちょっと確かめたいことがあって……だから、な？　頼むよ」

俺は友人の必死の頼みに断りきれず、なくなく車を走らせた。外は大雨が降っていた。

「ごめんな、こんな遅くに来てもらって」

「本当だよ！　こんな嵐の中で人呼び出して！」

「ごめん、そうなんだよな……この隣の声が聞こえる時って決まって雨の日なんだよ」

「……雨の日って今月始まってから、もう四、五日降ってるじゃないか」

聞けば友人は、俺に言わなかっただけで雨の降る夜に隣人の怒鳴り声にずっと悩まされていたらしい。

「それにしても全然声なんか聞こえないじゃないか、どうなってんだよ？」

友人はうつむきながらゆっくりと口を開いた。

「……実はさ、先月、隣人に初めて会ったんだよ」

「え？　だってお前、ピンポン押しても出てこないとかなんとか言ってなかったか？」

「先月、一度挨拶しに行ってるんだ、お前の期待してた女子大生じゃなかったよ……おばあちゃんだった、耳の遠いね。一人で住んでるんだってさ」

俺はその時、友人が何を言ってるのかさっぱり理解ができなかった。そして、続け様に友人が話し出した。

「お前さ、声がしてないって言ってるけどさ……俺には今もずっと怒鳴り声が聞こえてるんだよ」

「は？　何、言って……」

俺は困惑した。頭を抱えながら小刻みに震えている友人を目の前にして、とてもそれが冗談で言っているとは思えなくなった。

そして次の瞬間。

ドンッ
「うわっ‼」

壁を思いっきり叩きつける音がした。

「なんだよ…いきなり…」

「……○○さ、玄関のドアを少し開けて隣を覗いてみてくれないか？」

この部屋に入ってから友人の顔をちゃんと見ていなかったが、その顔はついこないだ引っ越しをしていた友人とはまるで別人だった。

頬はこけ、目の下は垂れ下がり、異常なまでにくっきりしたクマができていた。十年老《ふ》けたと言われてもおかしくはなかった。

「覗くって？　お前さっきから何言ってるんだ？　なんでおばあさんが一人暮らししてて、男や子供の泣き声がするんだよ！　そもそも俺には何も聞こえないぞ⁉」

「すまん、あとで説明するから……頼む、ちょっとだけでいいから外を覗いてくれ……」

俺はなんだかわからないまま、渋々《しぶしぶ》言われた通り、ゆっくりとドアを開け隣の様子を窺《うかが》った。

すると隣人の部屋の前に、全身ずぶ濡れの女が立っていた。その女の横顔はどこか物悲しげに見えた。

「お、おい、誰か部屋の前に立ってるぞ？」

俺は友人のほうに振り返ったその時だった。

「うわぁあああーーん!!!」

「ねぇっ!! どうして？どうして言うこと聞いてくれないのっ!? ねぇっ！ ……もうっ!! それじゃわからないんだよぉおおおーーっ!!」

急に子供の泣き声と父親らしき男の罵声《ばせい》が同時に聞こえてきた。あまりの大声に俺は反射的に体を仰《の》け反《ぞ》らしてしまった。

「うおっ!? え？ なんだよこれ!? やばいだろ!? 警察に電話したほうがいいんじゃないか!? ただ事じゃなさそうだぞ!?」

「ごめんなさい！ ごめなさぁあい!! うわぁあああーっ!!」

「いいからお母さんを呼んでこいよ！ お前なんだろ!? どこに隠したんだよーっ!! どこに隠したかって聞いてんだよぉおお!!」

「何をそんなに騒いでるんだ……？　お母さん？」

するとさっきまで震えていた友人が、途端にどこか慣れたような顔つきで喋り出した。

「〇〇もようやく聞こえるようになったか……やばいだろ？　ここ毎晩ずっとだからな……ちなみにさ、そこの隣に立ってた女の人。お前がこの部屋に来た時からずっと立ってたんだぜ？」

「そんなわけないだろ⁉　俺が来た時には居なかったよ！」

「いや、居たんだよ……お前が気づかなかっただけで」

「気づかなかっただけって……ありえないって！　隣に立ってたら嫌でも気づくだろ！」

俺たちがこうして会話をしてる間にも子供の泣き声が辺りに響いていた。

「嫌だ！　嫌だ！　嫌だぁあー‼　きゃあああああ!!!」

「お前、なんでそんなに落ち着いてるんだよ？　さっきまであんなに震えてたのに！」

「あぁ、雨がだいぶ弱くなってきたからな……いつも雨が止む頃には自然と声が聞こえなくなるんだ……」

あまりにも落ち着いている友人に俺はだんだんと腹が立ってきた。そして、少し語気を強くして友人に言い放った。

「お前さ、そんなに落ち着いていられるならなんで俺を呼んだんだよ！　わかった風に言いやがって！」

「ごめん……ただ、○○を呼んだ理由は別にあって、このタイミングしかないと思ってさ……」

確かに友人は俺をここに呼ぶ前から、この怒鳴り声に悩まされていた。雨の日の夜ともなると、誰か来てもらうには呼びづらい状況だと思うし、警察を呼ぶにしたって、ご近所トラブルに毎回来てもらうわけにもいかないだろう、そう考えると俺は次第に友人のことが不憫《ふびん》に思えてきた。

そして、しばらくして隣からの罵声がピタリと止んでいた。

俺はもう一度ゆっくり玄関のドアを開けて様子を窺った。すると、そこには先ほど立っていた女が居なくなっていた。

「○○、もう大丈夫そうだぞ……誰もいなくなってる」

友人も外に出てきて、俺たちは雨上がりの夜の空気を吸った。外は先ほどの騒音が嘘かのように静かな世界が広がっていた。

すると、隣の部屋のもうひとつ奥の部屋のドアが、ガチャッと開いた。中から五十代半ばぐらいの男性が出てきた。

「こんばんは」

「あ、こ、こんばんは……」

「新しい入居者さんですね？　こないだ家内が○○さんから上等なお菓子をもらったとのことで、どうもありがとうございました」

「い、いえ、ほんのご挨拶程度のものですから」

その男性は以前、友人が挨拶に行った部屋の旦那さんで、奥さんと二人で暮らしているらしい。

それにしても友人もそうだが、ここの住人は妙に落ち着いてるな、とその時は思った。

だが、続け様にその旦那さんは「今日は特にすごかったですね……」と言ってきた。

「え？　何が……？」

「何がって、隣、聞こえてたんでしょう？　いやね、僕たちがここに来て十年ほど経つんですけどね、今、居る入居者さんはだいたいがここ最近入られた人ばかりなんですよ。以前いたご近所さんはみんな引っ越されてしまって、それでね、久々なんですよ……聞こえる人に会えるの」

友人は何か確信したかのようにそのご近所さんに質問した。

「この部屋で何があったんですか？」

ご近所さんは少し寂しそうな面持ちで語り始めた。

「この部屋は、僕たちがここに越してくる以前に、可愛い娘さんのいるご家族が住んでたんですよ。ほんとどこにでもいるごく普通の家族でね、それがある時から旦那さんのほうが仕事を辞めてしまって、酒浸りになっちゃったんですよ。しかも夜中になると奥さんに暴力を振るっていたらしくてね……。しばらくして、奥さんが家に帰らなくなっちゃって……それからというもの、娘さんと旦那さんの二人暮らしになってしまって……。ちょうどリーマンショックがあった頃かなぁ、思えばあの旦那さんも大変な時期だったのかもしれないな……」

リーマンショックの頃、俺と友人はまだ社会人ではなかったので、その頃に奮闘していた人の辛さがわからなかった。

それでも、ごく普通の家族が壊れていく様相を聞いていると少し胸が苦しくなった。

「旦那さん働いてなかったから家賃をずっと滞納してたみたいで、たびたび大家さんが来ては相談してたみたいなんですよ。大家さんにしてみても家賃未払いの人を住まわせるにはいかないところなんですけど、ちっちゃい娘さんが居ましたからね……多少は大目に見てたとこがあったと思うんですよ。ただ、ある出来事があってからその生活もできなくなってしまって……」

その近所の男性は、友人が新居者だからか久々に声が聞こえる人間に会えたせいなのか、色々とその家族の細かい事情まで話してくれた。たぶん出会った頃はだいぶ良好な関係を築いていたのだろう。

その家族のことをもっと知って欲しいという気持ちが、男性の話し方から容易に汲み取れた。

「ある出来事ってなんですか？」

「ちょうど、今ぐらいの時期だったかな、その日もすごい大雨が降っててね。なんでも娘さんが外から帰ってきた時に、上に着てたびちょびちょのレインコートを床に放っておいたらしいんだよね、それを見た旦那さんがカッとなって娘さんをはっ倒しちゃったんだ……。あまりに大きな音がするもんだから、僕も心配になって様子を見に行ったんだよ。そしたら娘さんが壁を頭に持たせたまんまぐったりしちゃってて……」

「亡くなっちゃったんですか！？」

「いや、すぐに救急車を呼んで診てもらって、幸い命に関わることはなかったよ」

俺と友人は思わず胸を撫で下ろした。

「その出来事を聞いた大家さんが児童相談所に連絡して、娘さんが怪我させられたのをきっかけに存命重視ということで施設に預けられることになってね。それから間もなくして旦那さんもこのアパートから居なくなってしまったんだ」

「そうなんですか、それにしてもあの声はなんなんですか？　おばあさんが一人暮らししてるんでしょう？　どこから聞こえてくるんですか？」

「正直言って僕にもわからない、最初は驚いたよ、まさかあの親子が戻ってきたのかと思ったら、知らないおばあさんが住んでるんだから」

「ここのおばあさんはどう思ってるんでしょうかね……」

「君も、もう知ってるかもしれないが、ここのおばあさんは耳が悪いからね。なんとか僕の質問を聞いてくれた時があったけど、なんのことだかさっぱりって感じだったかな……おばあさんだけじゃない、ここの入居者の人たちにそれとなく聞いてみても、どうも皆、気づいていないみたいなんだ」

「やっぱり……。○○も最初は気づいていなかったもんな……俺だけ頭がおかしくなっちまったのかと思ってさ……」

この時、友人が俺をここに呼んだ理由が改めてわかった気がした。

「ともかく、あの現象は普通じゃないですよ。やっぱり幽霊とか祟りとかそういう類のものなんですかね？」

「幽霊って言っても、娘さんは今、学校に通っているって聞いてるしなぁ……。旦那さんは今、どこで何をしてるかわからないが……」

野暮な質問したなと俺は思った。少なくとも娘さんは生きている。幽霊のはずがない。

しかし、この不可解な出来事をどう解釈していいか俺は言葉が見つからなかった。

「こういうのって生霊《いきりょう》って言うんじゃないんですか?」

「生霊かぁ……そうだね、あの頃の親子の日々がこの部屋に染み付いちゃってるのかねぇ……それにしてもなんで君たちには聞こえるんだろうなぁ?」

「もしかしたら、自分、人よりも霊感が鋭いのかもしれないですね……」

友人は昔からどことなく不思議な雰囲気があった。

俺には霊感とか第六感とか、そういったオカルトチックな感覚は全くないと思っていたし、幽霊という存在を信じていなかった。

だが、今回の一件で俺はそういったものの存在を信じざるを得なくなった。

と、ここでひとつの疑問が浮かんだ。

「あの、隣で声が聞こえてくる時に、部屋の前で立ってた女の人……あの人は蒸発してしまった奥さんなんですか?」

俺のこの質問にその男性は、

「女の人……? 誰かそこで立ってたのかい?」

意外な返答だった。俺と友人は困惑した。

「あ、あの声が聞こえてくる時に、その……いつもスラッとした細身の女性が部屋の前に立っているのですが、ご存知ないでしょうか？」

「僕は見たことないよ？　あの奥さんが今、どういう風になっているのかわからないけど、そんなに細身な人だったたっけかなぁ……」

もう、何がなんだかわからなかった。俺と友人は一瞬、顔を見合わせ、そして恐怖した。なぜこの男性には見えないのか？　なぜ女がいきなり部屋の前に現れたのか？その女は蒸発した奥さんではないのか？　そもそも生きてるのか死んでるのかもすらわからない。

次から次へと疑問が湧き上がり、頭がパンクしそうになった。

もしかしたら、この部屋は俺たちが想像しているより遥《はる》かにいわくつきの物件なのではないか？　考えれば考えるほど身体が強張っていった。

すると近所の男性が友人に言った。

「あっそうだ、君に良いものをあげるよ」

男性は一度自宅に戻り、何かを友人に手渡した。友人がよく見ると、それは耳栓だった。

「この耳栓、百均で買ったやつなんだけど、結構雑音を消してくれるんだよね。ほんの気休めかもしれないけど君にあげるよ」

「あ、ありがとうございます」


その日、多くの謎を残したまま俺は友人宅をあとにした。

あれから半年以上経つが、友人は今もあのアパートに住んでいる。たまに、雨の強い日はあの親子の声が聞こえる時があるらしい。

その度に友人は近所の男性からもらった耳栓を付けて寝ているとのことだ。

俺は友人が気が小さいとばかり思っていたが、実はかなり肝っ玉が据《す》わったやつなんだなぁと、最近になって見直すようになった。

不思議な話 あるマーク

これは俺が四、五歳だった頃に体験した不思議な話だ。

俺はよく自宅の周りで一人で遊んでいた。

砂遊びだったり、お隣の飼い犬を撫《な》でたり、意味もなく電信柱の周りをぐるぐると回ったり。

で、当時の俺には、お気に入りの電信柱があった。

ブロック塀のすぐ脇に立ててあって、俺がギリギリ通れるくらいの隙間になっていた。

その隙間をいかに素早くすり抜けられるか、ってのにこだわって、ぐるぐると回っていた。


その日の時刻は昼過ぎくらいだったろうか。

家にいるのも退屈になってきたので、「さて、そろそろ回るか」と思い、母親に一声かけて家を出て、例の電信柱へと向かった。

電信柱の前まで来て、俺はいつもと様子が違うことに気がついた。

電信柱の、俺の目線より少し上のあたりにスプレーか何かで、「あるマーク」が落書きされていた。大きさはだいたい子供の顔くらいだ。

まあ別にそこまで気にするほどではないはずなのだが、なぜか俺にはその「あるマーク」が無性に奇妙に感じた。

ただの落書きに。心臓にドスン！　と衝撃が走る程に。

「回らなきゃ」ふと、そう思った。

俺はいつも通り、電信柱の周りを回り始めた。

何周か回って次の隙間を通り抜け、顔を上げると、辺り一面が地平線だった。

アメリカの荒野みたいな大地に、地平線まで続くアスファルトの道路。

そしてさっきまで回っていた電信柱が一本。

「すげー」

俺は完全に思考が停止していた。

パニックになることもなく、怯《おび》えることもなく、あまりの広大さに圧倒されていた。風も音もなかった。

青い空と茶色い大地、ガタガタのアスファルト。遥か向こうに山みたいなものも、ぼんやりと見えていた。

しばらくすると俺は、空を何かが飛んでいるのに気がついた。
飛行機だった。大きさは〈紅の豚〉が乗っているやつくらいだと思う。
それがスモークを焚きながら、俺の正面上空を横切っていく。音もなく。
風がないせいか、スモークはその場にずっと留まっていた。
まるで飛行機が空に落書きをしているみたいだった。
その飛行機が二回、グルンと宙返りをした。
電信柱に書いてあった「あるマーク」が空に出来上がった。
それに気がついた瞬間、俺はようやく怖くなった。
「どうやったら帰れるんだろう」
振り返っても家はなく、地平線。あるのは電信柱だけ。
俺は泣きながら、無我夢中で電信柱の周りをぐるぐると回った。
急に車の走る音が俺の耳に飛び込んできた。
ハッとして目を開けると、いつもの風景に戻っていた。
すぐに家に帰り、母親に今起きたことを泣きながら伝えた。
もちろん伝わらなかった。

電信柱まで連れていって落書きを見せようとしたけれど、落書きはなくなっていた。

あれから三十年くらい経った今でも、電信柱に書いてあった「あるマーク」は覚えているのだが、なぜか書けない。

丸と丸で出来るはずなんだが、書いてみると絶妙に違っているのだ。

人怖

井戸端会議

　これは、当時新婚だった頃に、出向先で体験した話だ。

　新婚だっていうのに、俺は関東に出向で飛ばされた。

　嫁さんと一緒に引っ越した先は、まだ真新しい集合マンションで、近場へのアクセスも良く、学校や役所等も揃っており、今後産まれてくるであろう子供のことを考えても条件のいい場所だった。

　そんな引っ越し先だったが、俺はひとつだけ慣れないものがあった。

「そうそう、田中さんとこの旦那さん、この前、若い女の子と駅前歩いてたのよ」

「嘘でしょ?」

「いや、田中さんの旦那さんならありえるかも……」

　エレベーターを降りマンションエントランスから入口に向かうと、否応なしにも耳に届く女性達の声。俗に言う井戸端会議というやつだ。

はぁ、と軽く溜息をつきながら入口を出ると、三人の中年女性が目に留まる。皆買い物袋を肩に下げ、相も変わらず他人の下世話な噂話に花を咲かせているようだ。いや、花というより食虫植物か……。

「おはようございます」

必死に笑顔を作り通り際《ぎわ》に挨拶すると、三人とも示し合わせたかのように揃えた挨拶を返してきた。そしてこれまた取り繕《つくろ》うような笑顔で三人は見送ってくる。俺はこの三人がすごく苦手だった。

毎朝出勤する度に聞かされる下世話な噂話。特に新婚で引っ越してきた俺達なんか奴らの格好の餌食《えじき》なんだろうなと考えると、虫唾《むしず》が走る思いだった。

次の日も、その次の日も似たような噂話。うんざりする度に嫁に愚痴《ぐち》るも、「近所付き合いもあるんだから」とやんわりと諭《さと》された。

毎日出勤前に顔を合わせる身にもなってくれと言いたかったが、それは嫁も同じかと思い直し我慢した。

そんなある日のことだった。

いつものようにエントランスから入口に向かい出勤しようとしたところ、「四棟の東野さん、自殺らしいわよ……それも借金苦で」「ああやっぱり、だと思ったわあ」「この前見た時思い詰めた顔してたもの……」

外から聞こえてくる三人の女性の声、間違いない、いつものママさん連中だ。それにしても今回のは物騒な話だった。

自殺？　誰かこのマンションで亡くなったのだろうか？　等と考えながら入口を出たところで、俺はギョッとして思わず固まってしまった。

いつもの買い物袋を肩から下げたママさん連中、その顔は、とても嬉しそうにニヤニヤと気持ち悪い笑みを浮かべていたのだ。そして俺に気がつくと、三人はとても人の生き死にの話をしていたとは思えないほどスッキリした笑顔を俺に向けてきた。

「お、おはようございます……」

なんとか平静を装《よそお》い挨拶をする。

「あら、おはようございます」

合わせた挨拶、取り繕ったような笑顔。それがいつもの何倍も気持ち悪く感じた。足早にその場を立ち去る。今朝のせいで、その日は一日中憂鬱だった。

仕事を終え家に帰り、今朝あったことを嫁に話すと、やはり四棟で自殺があった話はどうやら事実のようだった。

明日もまた何か聞かされるのか……そう思うだけで嫌気がさしてくる。

次の日、陰鬱な気持ちでエントランスを抜けた時だった。

「六棟の沼川さん、ランニング中に轢《ひ》き逃げにあったんだって！」

「マンションの周辺走ってたんでしょ？」

「犯人まだ見つかってないらしいわよ」

またた。俺はできる限り三人に気づかないように顔を背け入口を出た。

「おはようございます」

だが意に反するように、背後から三人が挨拶を投げかけてきた。仕方なく諦めて振り返ると、相変わらずのあの気持ち悪い笑顔で、三人が俺を見つめてくる。思わず引き攣《つ》るような笑みで俺は頭だけ下げ、急いでその場をあとにした。

仕事を終え家路につくと、俺は今朝のことをまたもや確認するように嫁に話した。

「ああ、聞いた聞いた。お隣さんも言ってたわ」

どうやらまたもや本当の話のようだ。

「そ、そっか……」そう俺が短く返事を返した時だった。

「今日の昼頃だったみたいよ……私ちょうどその頃買い物に出掛けてたけど、なんか他人事に思えないわよね」

「えっ？」

嫁の言葉に、俺は思わず聞き返した。

「な、何？　今日のお昼に、ランニング中に轢き逃げにあった人の話でしょ？」

昼？　嫁は何を言ってるんだ。その話は今朝出勤前に、あのママさん連中から聞かされた話だ。なぜ今日の昼？

「お、おいおい勘違いしてないか？　亡くなったのは沼川さんっていう六棟に住んでる人で、」

「失礼ね、事件のこと聞いてさっきお隣さんと通夜だけ行ってきたわよ」

「う、嘘だろ？」

「本当よ、ほかに通夜に来てた人達の中にも、昼間に事故現場に居合わせた人もいたんだから」

「いや、だって……そんな……」

嫁の話を聞き、あまりのことに俺は思わず口を噤《つぐ》んでしまった。どうなっているんだ、いったい。じゃ、じゃあ今朝のママさん連中が嘘を？　なんのために？　いや、そもそも嘘ではなくなっている……。

混乱する最中、昨日のことが頭をよぎる。

「き、昨日言ってたよな？　よ、四棟の東野さん、じ、自殺したって」

「ああ昨日の？　うん、あれもお隣さんから教えてもらったの、お隣さん夕方にちょうど洗濯物取り込んでたみたいで、ドンって大きな音がしたあとしばらくしたら緊急車両がいっぱい来たって、あなた昨日は遅かったから良かったけど、もっと早く帰ってきてたら大変なもの目撃してたかもよ？」

脅《おど》すように嫁が言った。が、俺はうんともすんとも言えないまま凍りついてしまっていた。

「何？　何か今日は変よ？　もうすぐご飯できるから先にお風呂でも入ったら？」

訝《いぶか》しげに俺を見つめたあと、嫁は台所へと戻っていった。

部屋に戻り上着をそのへんに放り投げると、俺はネクタイを緩《ゆる》めながらその場に寝転んでしまった。考えが纏《まと》まらない。いくら考えても納得できる答えなんか出てこなかった。

これを嫁に相談なんかすれば鬱病を疑われかねないなと、思わず冷めた笑みを浮かべてしまう。新婚生活矢先に暗い影を落とすのは避けたい。もどかしい思いで、俺はその日眠れない夜を過ごした。

次の日、暗い面持《おもも》ちで俺は家を出た。

嫁の行ってらっしゃいという言葉にも気のない返事を返し、嫌な思いをさせてしまったかもしれない。けれどそれ以上に、俺の心は不安で押し潰されそうだった。

いつものエントランス、重い足取りで入口に向かう。もう聞きたくない、そう思うのと同時に、こいつらの噂が何を意味しているのか確かめたい。そんな思いが頭の中を駆け巡っている時だった。

俺の耳に、信じられない言葉が飛び込んできた。

「ねえねえ、次……誰にする?」

瞬間、俺は入口から出ることなく、口を魚のようにパクパクさせながら、その場に力なくへなへなと座り込んでしまった。


以上が、俺が三年前に出向先で体験した話だ。娘も今年で三歳になるが、あの場所には二度と戻りたくないと、今でも思っている。

実はあのあと、心を病んでしまった俺はしばらく会社を休んだ。その時はまだ俺達はあのマンションに住んでいたのだ。

やがて落ち着いた頃に、久々の出勤となった。そしてその時、俺は決定的な話を、奴らから……あのママさん連中から聞いてしまった。

それが原因で、俺は逃げるようにして妻を連れマンションを引っ越したのだ。

あのマンションに住んでいた最後の朝の日、奴らは言っていた。いつもの場所、いつもの恰好、いつもの笑顔で。

「○○さんと○○さんの奥さん、一家心中だって、娘の○○ちゃんもよ、可哀想に」

「まあ嫌ねえ」

「本当に可哀想」
○○さんとは、俺の名前だった。
しかも娘の名前、当時はまだ生まれておらず、嫁は妊娠三ヶ月。子供の名前は男の子だったら俺が、女の子だったら嫁が付ける予定だったため、互いに知らなかった。

なのに……なのに奴らはその名前を言い当てていたのだ。

警察にも相談しようと思ったが、こんな話を信じてもらえるわけもなく、これは俺と嫁だけの秘密となった。嫁は今でも一人で買い物に出かけられないという。

近所のママさん連中が井戸端会議に花を咲かせているのを見るだけで、あの時の恐怖が、全身を蝕《むしば》むのだ……。

人怖

閉店の理由

これはまだ日本がバブル景気に浮かれていた頃のお話。


当時、渋谷の２４６沿いの事務所で働いていたボクは、まだ二十代前半の若造のくせにバブルに乗って景気も良く、ランチなんかも一食千円超えがフツーで、そのくらいが当たり前の毎日を過ごしていました。

この近辺は青山通りなんて呼ばれていて、オシャレでおいしいお店がいっぱいあります。

その日訪れたのはイタリアンのお店。イタ飯なんて言ってましたね。

会社の女の子を誘ってのランチです。


お店は地下にあり、階段を降りて入り口へ向かいます。

階段の途中にはワインのボトルやカゴに入ったジャガイモ等が置いてあり、実用を兼ねたディスプレイになっていました。

中に入ると少し暗めの照明で、テーブル席のみ。

室内の片隅には楽器を演奏できるような小さなステージもあり、夜には音楽を聴きながらお酒も飲めるお店になるようです。

席に通されたボクらは、メニューの中からポークピカタを選びました。

料理が出てきてちょっとびっくりしたのが「アペリティーボ」つまり「食前酒」が出てきたことです。

確かにイタリア料理では食前酒をたしなむものですが、ボクと女の子は顔を見合わせて「まだ勤務中なのに昼間っからお酒飲んで大丈夫かな?」なんて話をしました。

結局「まぁ、食前酒だし、大丈夫だろう」ということになりました。

ひと口で飲めそうな小さめのグラスに、血のように真っ赤なワインが注がれています。

クイっと一口飲んで、思ったより効いたのは、やっぱりすきっ腹で飲んだせいでしょうか。

「ホントに仕事大丈夫かな」

なんて心配になってきましたが、ポークピカタが運ばれてきた頃にはそんなことも忘れて、二人で楽しく食事を済ませました。

会計はボクが支払います。

バブルの頃はアッシーとかメッシーとかいう呼び名があって、クルマで送り迎えするのがアッシー、ご飯を奢るのがメッシーなんて分類されていたものです。

女の子にとっては良い時代でしたね。

カウンターの出っ張りの部分に手をかけて寄りかかりながら、マスターのレジ打ちを待ち、お釣りをもらって帰ろうとした時です。

お金をサイフにしまう自分の指先に赤いものが付いていました。

「ん？　さっきの食前酒にでも付いてたかな？」

いやそれにしては、今まで気づかないでご飯を食べている。

「もしかして、今触ってたレジのカウンターに何か赤いものがあって、それを触ったか？」

そう思ってちらっと振り返ったものの、カウンターには別段異常があるわけでもなく、笑顔のマスターがいるだけです。

なんだかちょっとべたつきがあって、まるで血が固まりかけたやつを触ったような、そんな嫌な感じの汚れでしたが、少量だったので指でこすると見えなくなってしまいました。

気持ち悪いので一応事務所に戻ってから手を洗いましたが、ちょっと心にひっかかっておりました。

それから数日もしないうちに、そのイタリアンは店じまいしてしまいました。

女の子たちと「おいしいお店だったのにねー」なんて話していました。

このへんのお店はとても出入りが激しく、目まぐるしく変化します。

お店がなくなってはすぐに新しいお店がオープンするのが日常茶飯事だったので、特に不思議にも思いませんでした。


……が、その翌週でしょうか。

あのお店が閉店した理由を、当時人気だった某写真週刊誌で知ることになりました。

「イタリア料理店で殺人事件　死体は冷蔵庫の中に！」

犯人はお店のマスターでした。

夜、一人でお店に来た女性客に「閉店後にクルマで送ってあげるよ」と誘ったものの、その後店内でトラブルになったようで、その女性をはずみで殺してしまったそうです。

死体は冷蔵庫へ隠し、翌日も平然と営業を続けたとのこと。

その死体を業務用のゴミと一緒に出そうとしたところを見つかって、事件が発覚したそうです。

ボクは嫌な想像をしていました。

僕らがランチで行ったあの店内には、店員と客のほかに、もう一人——。
冷蔵庫の中で冷たくなっている人が、いたんじゃないだろうか、と。
マスターが掃除しきれなかった彼女の血を、ボクは触ってしまったんじゃないか、と
……。
今となっては、あの時の食前酒の赤い色が不気味に思い出されます。

怪談 タルパ

タルパというものをご存知でしょうか。

類似したものはたくさんありますが、なかでも一番有名なのが、このタルパ（またはトゥルパ）だと思います。

チベット密教の高僧が習得する一種の降霊術なのですが、それはほかの降霊術とは違い、かつてこの世に生きていた人物の降霊ではありません。

全くの無から独立した人格を持つ人工精霊を生み出すという、かなり高度な呪術で、作り出したそれは主人である術の執行者の意思とは別に、立ったり座ったり歩いたり、主人に話しかけてくるのだそうです。

小さな子が、周りには見えていない誰かと遊んでいるような、イマジナリーフレンドのさらに高次元のものだと考えていただけると合点がいくと思われます。

今の世の中、インターネットなどで検索すると、タルパの作り方についてかなり詳細に記述されたウェブページを、簡単に探し当てることができることでしょう。タルパを作り出し、それらと一緒に生活しているという人のブログまでヒットすることもあると思います。

タルパというものの性質上、私たちにそれらの真偽を判断することは不可能ですが、なかなかに真に迫る内容のものが多く、単純に読み物として楽しんでいただくぶんには非常に興味深いものもあります。

タルパと誕生日を祝いあったり、口喧嘩をしてしまったりしたエピソードなどを読むと、巷《ちまた》に溢れる怪談や都市伝説よりも、信憑《しんぴょう》性といいますか、現実味があるといいますか、どこかで本当に起きているかもしれない出来事のような気がしてくるのです。

しかしながら、タルパの術を知ったとしても、それを実行に移すことだけはお勧め致しません。面白い話というのは、人から聞くからこそ面白いと感じるものであるというのは常であります。

前置きが長くなってしまうのが私の悪い癖なのですが、これは私が大学の同じゼミの友人から聞いたお話です。

ゼミの飲み会が終わった深夜のこと、ゼミメンバーと大学の最寄駅へと向かう途中、その友人から、「ちょっといいか」と、呼び止められました。

みんなが駅の階段へと吸い込まれていく中、私と彼は立ち止まり、

「相談したいことがある」

ということなので、駅から少し歩いた深夜営業の喫茶店に向かいました。

終電間近ということもあって、普段は学生で溢れる店内もガラガラで、ボックス席に腰を下ろすなり、彼はこう切り出しました。

「お前がオカルトに詳しいって聞いてから、ずっと相談したいって思ってたんだけどさ。お前、タルパって知ってるか？」

「え？　どういうのか知ってはいるけど、なんでまた？」

オカルト好きな私に、ゼミの仲間たちはよく心霊相談に乗ってくれと無茶なことを言ってくることが多々あったのですが、オカルトの中でもマイナーな分野である呪術についての話を振られるとは思っていなかったものですから、面食らってしまいました。

「俺さ……この半年間、タルパと暮らしているんだ」

「へえ」

珍しい話ではありませんでした。

現代日本でも先に述べたようにタルパの作成に成功したという人は数多くいるので、話の流れから察することができましたが、やはり面と向かって言われると眉唾物《まゆつばもの》ではありました。

私のようなオカルト好きには霊感があると自称する人がよく集まるのですが、話す内容がめちゃくちゃで……ということはよくあることなのです。

「俺は友達も少ないいし、彼女もいないいし。家に帰ってもネットでチャットしたりする相手もいるわけじゃないから、毎日孤独で辛かったんだ」

そんな孤独な毎日を過ごすうち、彼はインターネットでタルパの記事にたどり着き、実行に移したということなのです。

彼がまず行ったのは、当時彼が好きだったアニメの美少女キャラクターの画像をA3サイズほどまで拡大して印刷し、毎晩寝る前に壁に貼ったキャラクターに話しかけるということでした。

ただ話しかけるのではなく、まるで会話するかのように、相手の相槌の内容なども想定しながら話す、いわゆるロールプレイを一人で行っていたのです。

そうしたロールプレイを続けて一週間ほど経ったある夜、いつものように壁の絵に話しかけていると、「こっちだよ」と話しかけられたのだそうです。

声がしたほうを向くと、そこには自分のデスクがあり、パソコンチェアの上に、セーラー服を着た少女が座って彼に向かって微笑んでいました。

その服装はさっきまで話しかけていたキャラクターと同じで、質感だけが三次元の人間と同じもので、幻覚というにはあまりにもはっきりと見えていたのです。

「誰？」

尋ねる彼に、その少女は自分の名を名乗りました。

その名前は女性名でしたが、壁の絵のキャラクターの名前ではなかったそうです。彼はタルパの作成に成功したと確信しました。

それからは毎日、彼はタルパと過ごすことになりました。

朝目覚めると、枕元に座ったタルパが彼に笑っておはようを言う、話だけ聞けば私も羨《うらや》んでしまうようなシチュエーションから始まり、大学へ向かう電車の中でも、いつもはひとりぼっちの学食の中でも〝彼女〟は彼の側を離れることなく、寝る前の枕元でのおやすみの声で眠りにつくという、彼が求めていた毎日が始まりました。


そんな日常が続いて二か月ほど経った頃。

大学から帰った彼が実家の自室へ入ると、いつものように〝彼女〟はベッドに腰掛けて漫画を読んでいました。

この頃にはすでに友人の作り出したタルパは能動的に行動するようになり、簡単な要求なども主人である彼にするようになっていました。

孤独だった彼にとって、タルパの存在は大きなものになっており、寂しい部屋は落ち着く空間となっていました。

タルパの隣に座り、他愛もない話をしていると、リビングから夕飯の支度ができたと母が呼ぶ声がしました。

それが起きたのは、返事をしながら立ち上がり、部屋から出た時のことでした。

部屋から踏み出したはずの足が、また、彼の部屋の床を踏んでいたのです。

そして、あとに続いた二の足が、彼の部屋の外から中へ。

出たはずの部屋に、そのまま戻ってきていたのです。

なんだこれは？

不思議な気持ちで踵を返し、また部屋を出てリビングへ向かうと、リビングの食卓は箸の一本も置かれていない、綺麗に片づけられた状態で、彼の両親がソファに座ってテレビを観ています。

夕飯の準備は？　と聞けば、母親が怪訝な顔をして、さっき食べたばかりだろうと答えるのです。

釈然としないまま部屋に戻ると、タルパは引き続きベッドに腰掛けて漫画を読んでいました。

その日を境に、彼の過ごした一日の感覚が所々飛んでしまう体験が増え始めました。

朝起きて気がついたら大学の講義室に居たり、トイレで用を足そうと扉を開けて入った先が自分の部屋で、時刻はすっかり夕方になっていたりと、ただ日々をボーッと過ごしていたでは説明がつかないことが重なりました。

何かがおかしいと友人が恐れだした頃。

ついには朝目覚めて大学へ行こうとリュックサックを手に取った次の瞬間、彼はリュックサックを自室の床へ下ろしていました。

まさかと思って時計を見ると、時刻は夜の七時過ぎを指していました。

震えながら顔を上げると、ベッドに腰掛けて漫画を読む〝彼女〟の姿がありました。

「あれ?」

彼はそこであることに気づきました。

タルパがその手に持ち読んでいる漫画、こんな本、自分の本棚になかったのに。

「その本、どうしたんだ?」

「どうって、今日一緒に本屋で買ったじゃん。前から気になっててさー」

そんなはずはないんです。〝彼女〟が読むそれは、少女漫画でした。

友人は今までの人生で少女漫画というジャンルにまったく触れてきていなかった上、

買った覚えなどなかったのです。

慌てて彼は自分のサイフを漁《あさ》ってみると、中から今日の日付の書店のレシートが見つかりました。そこには少女漫画の題名が記載されていて、確かに彼のサイフから出たお金で購入されていました。

「お前……今日何してた」

「何って、いつも通り大学に一緒に行って、終わったらお気に入りの本屋さんで立ち読みして、気に入った本があったら買ってさ」

そんな記憶、彼にはカケラも残っていませんでした。

彼は恐る恐る〝彼女〟に尋ねました。

「お前、今まで俺が意識のない間、何やってたんだよ」

長い沈黙のあと、彼のタルパは深い溜息をついてから口を開きました。

「だってあなたばかりずるいじゃない。私だって、いろんなとこお出かけしたいのに。あなたって友達少ないからどこへもいかないし……まあ、でも、ありがとう。あなたのおかげで色々なところへ行けたから」

それを聞いた友人は、慌ててまたサイフを確かめました。

すると、見覚えのない水族館や美術館の半券や、クレープやらパンケーキやら、およそ彼が自分では行ったり食べたりしないもののレシートが出てきたのです。

「お前、俺に何をした」

半泣きになりながら友人がなんとかひと言絞り出すように言うと、

「何も。ただ私はあなたと一緒に居るだけ。これからも、ずっと」

ここまで語って、彼は震えながら私に問いました。

「このところずっと記憶がないんだ。助けてくれ……教えてくれ。どうすればタルパは消えるんだ？」

彼の表情から、これがよくある眉唾な話ではないことがわかった私でしたが、そんな彼の表情がなんの前触れもなく無になりました。

本当に、なんの前触れもなく。

そして彼はおもむろに立ち上がりました。

「ごめん、帰るわ」

「はあ？」

「それじゃ」

それだけ言って彼は足早に喫茶店から出ていってしまい、あとには私だけが深夜の店内に残されてしまいました。

店員のお兄さんがお盆からお冷やのグラスを三つ、テーブルに置いてキッチンへと戻っていくのを眺めながら、なんとなく友人には二度と会えないんだろうなと感じていました。

何度でも言います。

タルパを作ることはお勧め致しません。

私たちは普通の人間で、チベット密教の高僧のような強い精神力など持ち合わせていないのですから。そして、彼が相談してきたタルパの消し方についてですが、タルパをチベットの高僧が消したという記録こそあれど、明確な消し方について詳細に記述された文献に、私はまだ出会っていません。

タルパが好きで複数人作ってしまう人もいらっしゃるようですが、そうしたベテランの人たちの間では、「一度生まれたら死ぬまで一緒」というのが常識なのだそうです。

興味本位で試してみてはいけません。

面白い話というものは、人から聞くから面白いのですから。

怪談

魅入られた

あるお盆も過ぎた夏の日のこと。名前と場所は伏せるが、付き合っていたC子の住んでいる県内にある湖で花火大会が行われた。

夕方、C子を迎えに行き、目的地の湖に着いた時には花火を見に来た人で賑わっていた。

湖は山に囲まれた場所にあり、湖の真ん中辺りを横断するように大きい橋がかかっている。

その橋から花火を見ると、湖にも花火が反射して綺麗に見えるのだ。

駐車場も少ないため、溢れた車は湖に沿うように駐車されていた。

僕らも着いた時間が遅かったので、車を停めるスペースを見つけたのは橋から相当離れた場所だった。


花火大会が終わったあと。

これだけ人も多いと出店もあるんじゃないかと思い、少し探してみることにした。

しかし、店など出ておらず、諦めて帰ることになった。

次の日が平日だったこともあり、花火を見に来ていた人たちは、終わってすぐに帰ったようで、あれだけ駐車していた車は全くと言っていいほどいなくなっていた。

来た時には全く気づかなかったのだが、街灯の間隔も長く、たまに帰る車が僕らの横を通り過ぎていく時以外、光がない。

そのため、携帯のライトで道を照らし歩いていた。

向かって左側が湖で、落下防止のガードレールが設えてある。そのガードレール横をC子、僕が道路側を歩いていた。

歩きながら世間話をしていたのだが、C子の反応が薄くなり、そのうち黙りはじめてしまった。

体調が悪いのかと思い、声をかけようとした時、不意にC子が僕の手を強く握り小走りで歩き出した。

「なに⁉　どうした？」

僕がそう言っても無言のまま、車に乗り込むと「早く行こう」のひと言。

なんとなく察していた僕は、言われた通りその場から逃げるように車を走らせた。

道中にコンビニなどはなく、さらに走らないと車を停めるところもないし、灯りも少ない。

やっと、遠くにコンビニの看板の灯りが見えた時、ふと、気になるものが僕の目に入ってきた。

反対車線の歩道に、人が後ろを向いて立っていた。

遠くにあるコンビニの灯り以外、街灯もなく暗いのに、痛んだようなバサバサの長い黒髪の女の人だと、なぜかわかった。

体は黒い服を着ているのか、周りの暗さと同化して見えなかったのだが、すごくその女の人が気になって無意識に目で追っていた。

どんどんと近づいていき、通りすがりに何気なしに顔を見ようとしていたら。

バシ！　っと、後頭部を突然叩かれた。

ハッと我に帰って助手席を見るとC子が「そっちを見てちゃダメ」とひと言。

僕もその言葉で理解し、運転に意識を集中するとその場を通り過ぎ、先のコンビニに入った。

エンジンを切り、無言のまま二人とも車から降りる。

夜の蒸し暑さと、ここまでの道のりの出来事で僕は汗だくになっていた。

コンビニの明るさと、僕たち以外にも客が数人いて、多少気持ちが落ち着いてきたのでC子に聞いてみた。

「今のって……」

「うん……あのまま見てたら目が合ってたかもしれないから……」

「でも、普通に見えてたし、生きてる人ってことも」

「頭だけの生きた人なんかいる？」

「え？　だって、黒い服着てたじゃん？」

「……服じゃない。髪の毛だよ……」

僕が服と思っていたのは、長い髪の毛が下まで垂れていたものらしく、あのまま見ていたら良いことはなかったと、C子は言っていた。

そんなことを聞かされて、僕は言葉に詰まってしまった。少しの沈黙のあと、湖でのことを思い出し聞いてみた。


C子が言うには、花火が終わり車までの道中のこと。話しながら並んで歩いていると、ふとC子が僕の右手側に気配を感じ、僕のほうを見たらそこに人がいたらしい。

その人は真っ黒で背はかなり高かったという。

その黒い影が、大きな身長を「く」の字に折り曲げて僕の顔を覗き込み、一緒に並んで歩いていたという。

一瞬C子は何が起こっているかわからず、黒い影を凝視していたら、僕の顔を覗き込んでいた影が、不意にC子に顔を向けた。

その影の表情はわからないが目だけはハッキリとわかり、C子と目が合った。

その瞬間。ヤバイ！　と思い、僕の手を引いて車まで逃げるように走ったのだとか。

それを聞いて全身に寒気を感じたのを覚えている。


次の日はC子が仕事だったので家まで送り届け、僕も家へと車を走らせていた。

すると、突然携帯の着信が鳴り響いた。

車を停めて電話に出ると、友人のTからだった。

「もしもし？」

「あーおれおれ、今何してるの？」

「今彼女を家に送ったところで、これから家に帰るとこ。なんで？」

「今、中学の時のテニス部メンバー数人で小学校にいるんだけど来ない？　Sもいるしさ」

TとSは小学校からの付き合いで、僕も二人とは飲んだりする仲だ。

「いいけど――なんで小学校？」

「ちょっと……どうしても、お前に来てもらいたくて……さっきからずっと来て欲しいと思ってて……」

「おいおい、酔っ払ってんのか?」

妙な話し方に違和感を覚えるが、Tは構わず話し続ける。

「来てよ? 来て欲しい……来て来て来てよ?」

「わかった! わかったよ! ただ、まだ帰るまでに時間かかるから何時に着くかわかんねーぞ?」

「大丈夫……待ってる何時でも」

「なんかお前変だぞ? 大丈夫——」

ブツ…プープープー…

一方的に電話を切られ、少しイラっときた。

Tは酔っていても普段とあまり変わらないのだが、この時はかなり様子がおかしかった。

だけど、相当飲んだのかな? ぐらいにしか思っていなかった。

再び車を走らせ、少し経った頃。またしても携帯が鳴った。

またも車を脇に停め、電話に出るとSからだった。

「もしもし! ○○か?」

「ん? どうした? 今小学校にいるんだろう?」

「やっぱり……Tから連絡あったんだろう？」

「あぁ、だけど相当酔っ払ってた感じするぞ？」

僕の言葉にSはちょっと声のトーンを落とす。

「……なんか言ってたか？」

「みんなで小学校にいるから何時になってもいいから来てくれって言われたけど」

僕がそう言うと、Sは少し黙ったあとに、

「悪い〇〇……今日はこっち来なくていいから、そのまま帰ってくれ」

「え？　なんで？」

「まぁ……ちょっとな」

「悪い！　また今度ちゃんと説明するから、本当ごめん！　またな！」

そう言うと、またしても一方的に、電話を切られた。

ぶつくさと文句を言いながら車を走らせ、家に向かったのを覚えている。

家に帰る前に、地元で一軒だけあるコンビニに寄ろうと駐車場に入ると、見たことある連中がいた。

それは、Sとテニス部の連中だった。

Sも気づいたようで、僕が車を停めると寄ってきた。

車から降りると、僕はSにまず訊いた。

「さっきの電話なんだよ？」

「悪いな、あの時はちょっとこっちも焦ってたんだよ」

Sがそう言うとテニス部の奴らは、うんうん、と首を縦に振っていた。

ちょっとイライラしながらも、さっきの電話での話をしていると、Tがその場にいないことに気がついた。

「おい、Tはどうした？」

「ん？　あぁ……気分悪いみたいで、今車で寝てるよ」

やっぱ飲んでたんじゃねーかよ、なんて思っていたら、Tがフラフラと歩いてやってきた。

その時のTは、見たこともないくらい顔面蒼白だった。

僕たちが話しているところまでやって来ると、突然地面に寝転ぶ始末。

「おいおい、何があった？　さすがにこのまま帰る気にもならねーよ」

そう言うと、Sがしょうがないなあという感じになったらしく、淡々と話し始めた。

その日、テニス部の連中は久しぶりに集まってテニスをしていたという。

日も暮れ始めた頃、片づけをするといったんSの家に集まり、それぞれの大学の話、就職も近いこともあり希望の会社の話などをしていたらしい。

二十時を回り、コンビニで買ったメシを持って、小学校のグラウンドに行こうぜ、サッカーでもしよう、ということになったという。

小学校に行くには急な坂道がある。

皆でぞろぞろと坂道を上り始めた時、Sは坂道の前で立ち止まっているTに気づいた。

「T、何やってんだよ。行くぞ?」

「……ヤバイ…ヤバ……イ……イカナ……イイ……」

Tはずっとブツブツと何かを言っている。Sは先を行く皆を呼び止めると、Tのもとに何人かが戻ってきた。

「ヤバイ……ヤバイ……イカナイホウガ……イイ……」

ふざけてるのかと思って無理に連れていこうとすると、全力で抵抗してくる。

先に行った連中もいるし、その場にいる人間で無理矢理Tを引っ張っていった。

小学校では、サッカーをすると言ってもグラウンドは暗いし、皆でダラダラとくだらない話で盛り上がっただけだったという。

そんな折、Sはグラウンドの端にある外トイレへ歩いていくTの姿を見たらしい。

あまり気にはしていなかったのだが、ブツブツと何かを言いながらフラフラと歩いて戻ってくるTに気づいた別の人間が「おい！　大丈夫か？　気分悪いのか？」と声をかけた。Tは、もともとそんなにふざけるタイプではないので、さすがにみんな心配になったという。

「……ヤ…カラ……ア……ツ……ヨ…ンダ」

Tがぶつぶつとつぶやいている。

「え？　なに？　聞こえ——」

Sが「聞こえない」と言おうとしたら、Tは急にゲラゲラと笑いながら校庭中に響き渡るくらいの大きな声で、

「ヤバイいからぁぁ‼　あ、あ、あいつ呼んだ‼」

暗かったので、しっかりと見えたわけではないが、その時のTの顔は見たことのない表情というか、全然知らない人の顔のように思えたという。

Sたちみんなは Tの言動に怖くなり、小学校から出ることにしたのだが、

「い、今ここから出たら……や、や、や、ヤバイからぁ！　あ、ああ、アイツ来るまで……待ってないと！」

Tはそう言ってゲラゲラと笑っていたらしい。

Sは不意にTの言う「アイツ」というのがどうしても気になって、

「さっきからお前が言う、アイツって誰だよ？」

そう問うと、

「〇〇だよ。〇〇を呼んだ」


その名前を聞いて、Sは慌てて僕に電話をしてきたという。

その後、小学校からみんなで逃げ出した。

小学校の正門から出た瞬間、Tはゲーゲーと嘔吐して立っていられない状態になった。

なんとかコンビニまで連れて戻り、友達の車で休ませていたら僕がコンビニへやって来て
——今に至る。


後日、Tにあの夜のことを訊いた。

しかし本人は、小学校へ行く上り坂辺りから記憶が途切れ途切れで、正門前を最後にまったく覚えていないという。

あの日、一日で僕の身の回りで起きた出来事。

花火を見ていた湖で起きた怪異と、友人たちに起きた怪異。

それぞれ別々の何かなのか。それとも呼ばれるように友人たちのところに偶然行ってしまった僕。

今となってはわからないが、呼ばれたということは……魅入られてしまった、ということなのだろうか。

怪談　先輩

私は二年前に、いつまでも忘れることができない体験をしました。

私はソフトテニス部に入っていたのですが、性根が暗い分友達もできず陰で悪口を言われたりしていました。

先輩達からも何度か怒られてしまっていました。

しかしそんな私にも優しくしてくださった先輩がいました。

M先輩という人で周りからの信頼も厚く、誰に対しても平等で優しくして本当に完璧な人でした。

そんなM先輩の性格からなのか、私はよく助けてもらったり話しかけてもらったりしました。

私はそんなM先輩に憧れて人を助ける仕事に就きました。

ですがその仕事は同僚同士の競争がすごく、私は学生時代の頃のようにイジメを受けていました。

正直もう限界でした。憧れて就いた職場でまた学生の頃のような仕打ちを受けるのかと思い、絶望という感情が浮かび上がりました。


仕事帰り電車のホームでボーッとしていると後ろから、

「桜子ちゃん！　久しぶり！」

と声をかけられ、振り返るとM先輩が立っていました。

「M先輩⁉」

私はM先輩に会えたことの喜びで自然と笑顔になりました。

「大きくなったねーもう社会人だっけ？」

学生時代と変わりない、優しい笑顔で話しかけられ私は、

「はい！　三年目です。お久しぶりです」

と答えました。

ここまでなら普通に悪くない返事だと思いました。

しかし何を思ったのかM先輩に会社の不安を話しました。

先輩は最後まで笑顔で聞いてくれました。

そして「それブラック企業じゃん！　体大丈夫？」と言ってくれました。

なので私は「体は全然大丈夫です。ありがとうございます」と言いましたが、「ううん。大丈夫じゃない！　今度検査してみて」と言われました。私は曖昧に答えて先輩とは別れました。

それから数日後先輩に言われた通り検査を受けました。

そして検査結果ではストレスにより、血管に腫瘍《しゅよう》ができていることが判明しました。あのまま検査していなかったらわからなかったし、破裂するのも早かったかもしれないと言われました。

私はこの結果を聞いて先輩にお礼を言いたかったのですが、先輩とは連絡も取れず、あれから一度も会うことはありませんでした。

その何週間後の部活の同窓会で、M先輩が二か月前に亡くなったことを教えていただきました。

きっとM先輩は私が死のうとしているのと、腫瘍が破裂するのを止めたくてあの時会いに来てくれたんだと思います。

怪談

見上げる男の子

昔の彼女から聞いた話。

花火大会の会場となっている海水浴場で、友達数人とコンビニで買った缶ビールとつまみを片手に呑み会をしていた。

五日ほど前に花火大会があったため、海水浴場とは思えないほどゴミが散乱していたそうだ。

その場で知り合った別グループと合流し、どんちゃん騒ぎをしていたらしい。

当時、高校生だった彼女はノリもよく、社交的で騒いでいる姿が楽しそうだったことから、二十代の男女混合のグループに声をかけられた。

波打ち際の砂浜に座っていたが、気づかないうちに隣に四歳くらいの、青のTシャツに海パンを穿《は》いた男の子が座っていた。

「お菓子食べる?」などと話しかけるが、体操座りで夜空を見上げるだけで返事は返ってこなかった。そして、ふと目線を他にやり、もう一度男の子のほうを見ると、そこには男の子の姿はなかった。

友達と一緒に男の子を探すが見当たらない。合流し一緒に騒いでいた別グループの人の子供だと思い、尋ねるがそのグループの人達は子連れでは来ていないという。

「怖い、怖い」とその場は盛り上がり、笑い話で終わったそうだ。


翌日、アルバイト先の飲食店で昨日あった男の子の話をする。

その話を聞いたオーナーが青ざめた顔で男の子の特徴を聞いてくるので、詳細な情報を伝えると、店内から併設された自宅に入っていった。

しばらくして新聞を持ち戻るオーナー。見ると、日付は四日前のものだった。

記事にはこう記されていた。

〈○○花火大会の三時間前の事故。四歳の男の子水死〉

その記事を見て顔面蒼白になっているとオーナーが言った。

「花火見たくてずっと空見上げてたのかもね」

怪談

屋根裏部屋の女

これは、高校時代の友人の竹田君が話をしてくれたものです。

高校三年生の卒業式を控えた時期でした。

友人の竹田君は剣道部の主将、真面目な性格でたまにひょうきんなことも言うようなキャラのクラスメイトでした。

私と竹田君の学校は私立で、単位が足りていて進学先が決まっている生徒は自由登校で数ヶ月学校に来なくてもいいという決まりになっていました。

竹田君は休みを利用して、運転免許を取得するために教習所に通い始めます。

都内だと教習所も混んでいることもあって、茨城県に住んでいる祖母の家から、近くの教習所に通うことにしました。

祖母の家には叔母とその娘である小学二年生のかよちゃんという女の子が住んでいて、竹田君は屋根裏部屋をしばらく貸してもらうことにしたのです。

屋根裏部屋は竹田君が来る前に祖母達が掃除をしてくれていたんでしょう、すごく綺麗にされていて、だけどちょっと埃《ほこり》っぽい匂いがする部屋だったそうです。

教習所に通い、終わったら自転車で祖母の家に帰って、祖母、叔母、かよちゃんと四人でご飯を食べてお風呂に入って寝る――自然溢れる田舎ということもあって、都会では感じることのない充実感を感じていました。

初日の晩、就寝した竹田君は金縛りにあってしまいます。

竹田君にとって金縛りは人生初めての体験で「これがあの金縛りか！」となぜか少し嬉しくなったそうです。

すると、足元に誰かが立っているのに気がつきます。

白い服を着た長い髪の女がそこには立っていました。

竹田君はちょっと怖くなったけど「いやいや！　ベタな幽霊だな！」と心の中でツッコミを入れたそうです。

その女はジーッとこちらを見つめているだけで、特に何かされるわけでもなかったそうです。

それから毎晩、竹田君は金縛りにあって白い服を着た長い髪の女が現れるようになりました。そして日を追うごとにその女は自分に近づいてくるようになりました。

教習所のスケジュールが終盤に差しかかる頃には、女が自分の周りをゆっくりとぐるぐる回ったり、自分の顔を覗き込んでくるぐらいにまで近くなってきました。

流石にまずいと思った竹田君は、祖母と叔母に毎晩金縛りにあうことを相談しました。

しかし普段はそんなことは家で起こったりしないので、半信半疑です。それでも心配してくれた祖母と叔母は「怖かったら部屋を変えようか？」と提案してくれました。

竹田君は「いや、あと数日で教習所のスケジュールも終わるから屋根裏部屋のままで大丈夫だよ」と断ったそうです。

竹田君は、その時なんでちょっと強がって断ったのか自分でもよくわからないと言っていましたが、慣れてきてしまっていたのか特に気にならなくなっていたそうです。

そして最終日、竹田君は（最後には何かがあるに違いない）と、ちょっと怖かったそうです。

（襲われたりしたらどうしよう）と思いだし、寝ないで起きてればいいと、屋根裏部屋ではなくリビングでテレビでも観て過ごすことにしました。

「ん……？」

夜中ふと気がつくと、リビングでテレビを観ていたはずなのに屋根裏部屋で寝ていたのです。そして、また金縛りにあっています。

竹田君は少し動揺したのですが、落ち着きを取り戻してあたりを見渡すと、やはり女が立っています。

充分怖い状況だと思うのですが、竹田くんは襲われたりしなかったのでホッとさえしたそうです。


「……ってことがあったんだよ」

そうやって竹田君は僕を含めたクラスメイト数人に話をしてくれました。

友人みんな揃って「うわあ怖え」と盛り上がっていました。

そこで竹田君がまた話を続けます。

「でもそれで終わりじゃないんだ」

最終日、リビングでテレビを観ていたはずが、いつの間にか屋根裏部屋で金縛りにあった竹田君。

しかし、最終日の女はいつもと様子が違います。

ギギギギ…というような古いドアが開くような音と金属と金属が擦《こす》れ合うような高い音がうめき声のように聞こえます。

それが竹田君は震えが止まらなくなるくらい怖かったそうです。

鋼《はがね》のメンタルの竹田君が震えるくらい怖い？

僕は「うめき声がそんなに不気味だったの？　だから震えるくらい怖かった？」と竹田君に聞きました。

竹田君は「いや、そうじゃない」と首を横に振ります。

「かよちゃんだったんだ…」

「えっ⁉」

「その日は白い服の長い髪の女じゃなくて、かよちゃんだったんだ」

最終日、金縛り中に現れたのはいつもの白い服の長い髪の女ではなく、小学二年生のかよちゃんが立っていました。

かよちゃんがギギギギ…キーというううめき声を上げながら、無表情でずっと竹田君を見つめていました。

やがてうめき声のほかにも別の音が聞こえます。

カチカチ…カチカチ…

なんだこの音は？

カチカチ…

竹田君は音の正体に気がつきます。

かよちゃんの手にはカッターが握られていました。

カチカチという音はカッターの刃を出す音でした。

かよちゃんがカッターの刃を竹田くんの眉間《みけん》に近づけてきたところで、竹田君は気を失ってしまったそうです。


そして数日後の卒業式の予行練習の登校日、滅多に休まない竹田君がその日は来ませんでした。

そして卒業式当日、僕は学校に来た竹田君になぜ休んだのか聞きました。

「葬式だった。おばあちゃんが死んだ。俺がいなくなったあとに屋根裏部屋を整理してる時に死んだみたいだ」

死因は不明。それを聞いた時、僕は背筋が凍りました。

その時、ギギギギギギ、キー、カチカチという不気味な音が僕の脳内にも流れてきました。

不思議な話　産まれる前にした約束

言葉を覚えたての子供がなんの脈絡もなく「何か忘れてる気がする」という旨の言葉を発することが稀《まれ》にあるらしい。

テレビなどのメディアで聞いたのをそのまま真似している場合もあるだろう。

しかし、そういう真似をする時は、大半は感情が籠《こも》っていないので棒読みになったり、自慢するようにおどけながらとかそういう判別はし易《やす》い。

問題は明らかに感情が籠っているとわかった場合。

例えば異様に不安そうに喋っているだとか。


「産まれる前にした約束」を決して思い出してはいけない。

前世でした約束なんてロマンチックな話ではない。

一度死んで、産まれつくまでに人ではない何かと約束をすることが稀にあるという。

倫理観をまだ持つことができない魂《たましい》に「よくないモノ」が遊び半分で「産まれたら周りの人を不幸にしなさい」と吹き込む。

魂の根っこにこびり付いた約束は産まれてからそのことを思い出すと成就されるという。

思い出した子自身が悪い道に行ったり、悪い道に行かなくてもその子を除いた周囲に次々と考えられないような災厄《さいやく》が頻発する。

そういう場合、お祓い等は全く効かない。

呪いとかそういうことではなく、単純に「約束」という形の現象だから。

それについての対処は実に簡単で子供が「何か忘れてる気がする」と言ったら「忘れてないよ。終わったよ」と言葉を返すだけ。

子供がその言葉を理解してなくてもいい。

今、この世にいる人間が「終わった」と言うと簡単にその時点で約束は終了するとのこと。

もしその場で咄嗟に答えられなかった場合は、お祓いではなく神社か寺に行って絵馬に子供の手で「約束　終わり」と書かせる。

その時、両親が子供の手を握って書かせてもいいらしい。


母の故郷で古くから伝えられている伝承のような話です。

不思議な話

死ぬ役

今から五年ほど前の話だという。

職場の高橋さんのお祖母さんがいよいよ寝たきりとなり、順番待ちをしていた老人ホームに空きが出たため、お世話になることになったそうだ。

高橋さんは、実家を離れ他県で働いていたので、夏期休暇を取り、お祖母さんに会いに行った。

実家のある町から県道沿いに山に入って結構進み、民家もなくなった頃、ようやく四階建ての白い建物が見えてきた。

緑に囲まれたとても静かなところだった。

お祖母さんの部屋は、二階の一番奥で、南側に大きな窓があり、そこからも山の木々の緑がとても綺麗に見えた。

お祖母さんは、一人で起き上がることができず、歩くことも難しい状態だったそうだ。

しかし、認知症などの症状はなく頭ははっきりしていたので、高橋さんのこともきちんと認識していた。久しぶりの再会をとても喜んでくれた。

ところが、「あのね、内緒なんだけど、おばあちゃんさ、今度ドラマに出ることになったから。詳しく決まったら、また教えるからさ。楽しみにしてて」と言った。

高橋さんは、（いよいよ本格的なボケが始まったのか？）と思って、適当に話を合わせることにしたそうだ。

「えっ、おばあちゃん。ドラマって何？」

と興味津々という感じで聞き返すと、

「夜遅くにさ、監督さんが来て、私にドラマの説明をしてさ、あなたは殺人の目撃者で『犯人に追われる役』ですって言うのさ」

お祖母さんは、とても嬉しそうに話したという。

高橋さんが「おばあちゃん、演技なんてできるの？　難しい役じゃない」と言うと、おばあさんは「おばあちゃんさ、ドラマに出るのが夢だったの。夢が叶うんだから、頑張るからさ」と言った。

その帰り際、ホームの介護士さんに挨拶しながら「おばあちゃん、ドラマの話とかしてるんですけど、大丈夫ですかね？」と聞いてみた。

すると「私も聞きました。監督さんが来て、ドラマに出る話ですよね。たぶん、夢でも見たんじゃないですかね」とのことだった。

高橋さんは、夏期休暇の最終日にもう一度、お祖母さんに会いに行った。すると、

「夕べさ、急に監督さんが来てさ、びっくりしてたら、もうすぐ出番だからって」

高橋さんが「それ、ドラマの話だよね？　監督さんってどんな人なの？」と聞くと、

「暗くてよくわかんない。でも優しい声だよ。きちんと説明してくれてさ、女の人がナイフで刺されて、倒れるとこを見て、逃げんの」

と、おばあさんが鬼気迫る形相。

「随分、具体的だね。それでどうなるの？」

「犯人が追ってくるからさ、あとは必死になって逃げんのさ。そして……」

「そして……？」

「死ぬ役なの」

と、おばあさんは少し寂しそうに話したという。

夏期休暇が終わって数日後の昼間、お祖母さんの訃報が届き、高橋さんは急いで実家に戻った。

お祖母さんは寝たきりで動けなかったはずなのに、なぜか部屋を抜け出し、建物の外の森の中の池で亡くなられていたとのこと。

警察の介入もあったが、家族からの要請もあり、最終的に誰も責任を問われることはなかった。

ただ、高橋さんはお祖母さんのドラマの話が忘れられず、時々思い出しながら考えていたそうだ。

「夜に来た監督って、誰だと思う?」と、私に問いかけた。

「おばあさんにだけ見えていたとしたら、やっぱり夢だったのかもよ。連続して同じ夢を見ることもあるらしいから」と、答えた。しかし、高橋さんは、

「おばあちゃんの最後がさ、本当に追われてたみたいに、足とか腕とか傷だらけでさ。俺さ、おばあちゃん、『死ぬ役』を演じ切ったんじゃないかと思うんだ。そんなこと、警察の人には言えなかったけどね」

とのこと。そして続けて、「あのさ、葬式の時、ホームの介護士さんに会ったんだけど、俺にこっそり紙切れをよこしてさ、それになんて書いてあったと思う?」と聞くので、私も、「なんて書いてあったの?」と聞くと、「おばあちゃんの震えた文字で(犯人は夫です)って書いてあったの。枕の下に隠してあったんだって。すごいでしょ」と、高橋さんは少し

得意げに話してくれた。

そんな話を聞いた数日後の深夜、風呂上がりに、うちのお祖母さんの部屋の前を通ると、部屋の中から何やら話し声が聞こえてきた。

私は咄嗟に、高橋さんから聞いた話を思い出して、慌ててお祖母さんの部屋の扉を開けた。お祖母さんは、布団の上で身体を起こし、両手を合わせお経を唱えていた。

私が「おばあちゃん！」と声をかけると、お祖母さんは私を見て、お経を唱えるのをやめた。

話を聞くと、不意に目が覚めて、見ると人影があり、お祖母さんの名前を呼ぶのだという。

薄明かりの中、目を凝らして見ると、それは近所の仲良しさんで「早く、松島に行きましょう。あなたも楽しみにしてたでしょう」と言ってきたそうだ。

しかし「コロナだから、無理なのよ」とお祖母さんが答えると、仲良しさんはスッといなくなってしまったという。

なんとなく胸騒ぎがして、お祖母さんはお経を唱えていたとのこと。

翌日、連絡が入り分かったことだが、ご近所のお祖母さんの仲良しさんは、夜中に亡くなられていたそうだ。お別れを言いに来たのか、それとも一緒に連れていこうとしたのかはわからない。

出勤すると、高橋さんが来ていたので「高橋さん、この前の亡くなられたおばあさんの話ですけど、お知り合いとか親しい人の中にテレビ関係の人とか、映画関係の人とかはいなかったんですか?」と聞くと、高橋さんが少し考えてから「そういう関係の人はいないと思うよ。でもね、二十年くらい前に亡くなったおじいちゃんは、映画が大好きだったよ」

しばらく沈黙したあと、高橋さんが、

「もしかして監督ってさ、おじいちゃんだったりして。迎えに来たのかもね。ほら、おばあちゃん、寝たきりになっちゃったからさ。それにしても、ものすごい演出だったけどね」

と、つぶやくように話していた。

人怖

真夏の悪夢

これは怪談というより、リアルに恐ろしかった話。

真夏の昼過ぎ、私と広告代理店の営業マンは都心をゲッソリしながら歩いていた。

事前の営業では上客になりそうな口ぶりだったので、懸命に資料を揃え、プランナーの私も同行し、人事計画から採用広報まで幅広いプレゼンができる体制でその会社に向かった。

ところが、である。いざ話を始めてみるとこれがとんでもないブラック企業。

百人単位の採用を考えているとのことだったが、ようは半分以上が詐欺商法に近いビジネスのための玉集めということがハッキリした。

業界のモラルから言って、こんな企業の片棒を担《かつ》ぐこともできず、半分以上やくざと思われる社長や人事部長の「金は出してやるんだから文句ねえだろ」という恫喝《どうかつ》にもめげず、話を全部すっ飛ばして帰ってきた。

あきれ果て、疲れ果てた我々は、繁華街の近くにあった小さな住宅街の児童公園みたいなところで一服することにして、冷たい缶ジュースを片手にベンチに座り込んでいた。

その公園のちょうど反対側には、いくつかの遊具や砂場があり、親子連れが何組か楽しそうに遊んでいる。

自分も子持ちの営業マンは、俺も子供と遊んでやれる時間が欲しいですよ、とか嘆きながらも、なんとなくほっとした雰囲気。

いままでの殺伐とした雰囲気を早く忘れたいと思っていた。

そうした時である。

公園に入ってくる人影が見えた。

見れば銀行マン風というか、暑いのにスーツをきっちりと着こなし、いかにも生真面目そうな雰囲気の三十代の男である。

(こいつも一服しに来たか。まあベンチも空いてるしな)

と思った瞬間、二人とも凍りついた。

そいつの表情がおかしい。

一人で泣き笑いのようななんとも言えない顔をしている。

眼は完全に据わっているしどう見ても正気とは思えない。

そして何よりもぞっとしたのは、奴が手に握りしめていたもの――刃渡り三十センチ近くはありそうな柳刃《やなぎば》包丁だ。

刺されるな、と思って二人身構えるが、そいつの目には私たちの姿も映ってないようだ。

思わず公園の反対側にいた親子連れに「逃げろ！」と絶叫し、私はそちらに走る。

相棒は近くにあった公衆電話から一一〇番。

五分も経たず駆け付けた警察官に、その男は取り押さえられて連行されていったが、抵抗するでもなく、ただただうつろな目をして口元はだらしなく笑っていた。

時はバブルの時代、ノルマに追われたどこぞかの営業マンが心を病んだのか。

人を襲うでもなくただただ包丁を握りしめて、蹌踉《そうろう》と歩いていた姿は妙に印象に残っている。

彼は死に場所を探していたのだろうか。

人怖

煙草

これは、俺が一人暮らしを始めて間もない頃、真冬の寒い時期に体験した話だ。

その日は居酒屋のバイトで残業もあり遅い時間の帰宅となった。

かじかむ手にはぁっと息を吹き掛け、ふわりと立ち昇る自分の吐息にぼおっと目をやった時だ。

目前に、自分が住んでいる二階建て木造ボロアパートがあるのだが、二階へと続く階段の入口付近に人影らしきものがあった。

目を凝らしよく見てみると、それはコートを着た若い女の姿だった。煙草を片手に階段に腰掛けている。

(女……住民か?)

見かけない顔だと思いつつアパートに近づく。

街灯に照らされた女の顔がよく見える。歳は二十代。キツめの化粧に高そうなアクセサリー、一目見て水商売系だとわかる。

少し緊張した面持ちで軽く頭を下げ女の横を通り過ぎようとした時だった。

「お兄さん、煙草どうぞ」

「えっ……？　あ、いや」

突然女にかけられた声に戸惑っていると、女はそれを見透かしたように妖しい笑みを浮かべ、俺の返事も待たずに煙草を一本差し出してきた。

一度は躊躇《ちゅうちょ》したが、よく見ると良い女だし悪い気もしない。照れ隠しに会釈《えしゃく》しその煙草を手に取ると、女は慣れた手つきで煙草に火をつけてくれた。

（なんだか妙な気分だな……）

なんだか気恥ずかしくなり再び女に会釈すると、俺は足早に階段を上った。

（ここの住人だったら良いな……）

などと淡い期待を抱きつつ二階のエントランスに足を踏み入れた時だった。

「あっ」

寒さでかじかんだ指先かからさっきもらった煙草が零《こぼ》れ落ちたのだ。しかも排水用の溝に。

落ちたばかりの煙草に、溝に溜まった水がじんわりと滲《にじ》んでいくのが見える。

「あ～あ……」

諦めて部屋の前まで行きポケットから鍵を取り出す。その時だった。

何か違和感を覚えた。普段なら何も感じないが何かいつもと違うのだ。

「あっ……」

ポストだ。扉に設置された簡易ポストに溜まっていたチラシがなくなっている。

いい加減片づけなきゃと、バイトに出かける前に確認したのを俺は覚えていた。

（なぜ？）

疑問に思った俺が簡易ポストの蓋を何気なくめくったその瞬間、匂いがした。

（なんだ……？）

普段嗅ぎ慣れない異臭。でもよく知っている匂いだ。

その瞬間、俺の身体は凍った池に飛び込んだかのような寒さに包まれた。真冬の寒さによるものではない、これは恐怖からくる寒さだ。

血の気が引き、思わず膝《ひざ》が崩れ落ちそうになる。

ガクガクと震える足を必死に堪《こら》え、俺は咄嗟にさっきの煙草を落とした溝に駆け寄ると、煙草を拾い上げ必死に遠くへと放り投げた。

そして携帯を取り出すと、震える手で必死に番号を打ち込んだ。

規則的に繰り返す機械音を耳にしながら、さっきの女が居た階下に目をやる。

女は居ない。が、

「ああくそっ！　くそくそくそくそぉっ‼」

――ダダダダダダッ、女の怒号、走り去る激しい足音が真冬の夜空に鳴り響く。

『どうされました？　どうされましたか？』

唖然とする俺の耳元で、いつの間にか携帯から男性の声が聞こえていた。

「しょ、消防署の方ですか？」

そう一言返すと、俺は力なくその場にヘタリ込んでしまった。


その後はバタバタだった。

電話で消防士の指示に従い、あっと言う間に朝を迎えた。そう、俺が電話した先は一一九番だった。

あの時、におった異臭の正体はガスだ。匂いに気がついた俺は、水に浸かったとはいえ、万が一と考え煙草を隣の空き地に放り投げた。

もし、あの時何も気づかずに煙草を吹かしながら扉を開けていたら……。

あのあと駆け付けた消防士や警察とも話したが、ガス漏れではないかと言われた。

だがあの時の女の行動は何がなんでも怪しかった。

ただ、俺はあんな女知らないし会ったのも初めてだ。なのに、なぜ俺の部屋を知っていたのか、なぜ部屋に入れたのか、どう考えても思い当たる節がない。

警察にも話したが、それが本当に女の仕業なのかも疑わしいというような扱いを受け、結局はその後事件の進展は何もなかった。

ただ、その後ひとつだけ、俺には思い当たる節があったのを思い出した。いや、思い出したくなかったのかもしれない。

……実は、俺は親父を事故で亡くしている。

出張先のアパートで、ガス漏れが原因の火事だった。

偶然……だよな？

人怖

サプライズ

平成に入って間もない頃の話。

卒業のシーズンだったのを覚えている。

「わっしょい、わっしょい！」

突然、駅のホームで胴上げをされた。

何も思い当たるフシはなく、知らない制服を着た男子学生たちだった。

完全に人違いだ、そう思ったが、意外に大声というのはとっさには出せない。

「おめでとう、おめでとう」

そう口々に言いながらそいつらは、そのまま私を線路に投げ落とした。

すぐ隣を通過する電車に引きこまれそうになったのを覚えている。

腕と腰の骨を折ったが、殺人未遂の男子学生集団の行方は知れず、当然捕まらなかった。

怪談

白いものと黒いもの

もう十年も前、今の嫁（C子）と付き合っていた時の話。

僕が二十一歳くらいで、ひとつ歳下のC子とは、仕事が終わるとお互いの家に遊びに行ったり来たりと、ほぼ毎日のように遊んでいた。

僕とC子の家は、県は違えど車で片道三十分くらいの距離。

今思えば仕事後で疲れていたのに、よくやったよなぁと思う。

付き合い始めた頃、C子は霊感のことは一切言わなかったが、たびたびなんにもない曲がり角でビックリしていたり、心霊番組を見ていると画面の何も映ってない暗い背景を指さして、「え？　これかと思った」などとよく言っていた。

その度に「何が見えたのか」と聞いても「なんでもない」と本人は隠していたが、バレバレだった。

しかし一年も経つ頃には、僕には隠さず言うようになっていた。

C子いわく、他人に霊感のことを言わないのは、俗に言う「かまってちゃん」だと思われるのが嫌だったそうだ。家族以外には言ったことがなかったという。

ちなみに、心霊番組の再現VTRで血だらけの女が~とかやっているが、C子はそういう幽霊は見たことがないそうだ。

C子が見る幽霊というのは、見た目や服装は普通の人らしいのだが、交通事故や何かしらの事故で亡くなったらしく、原因であろう怪我の部分だけが真っ黒になって見えるのだという。


そんなある日。

僕は仕事とは別にバイトもしていたんだが、その日はバイトが終わったのが夜中の二時。地元が田舎のため、街灯が少ない道を眠い目を擦りながらハンドルを握って家へ帰ろうとしていた。

眠気と戦いながら、気分転換に音楽を聴こうとスマホに手を伸ばした。

選曲するために一瞬、視線を画面へ向けた。そしてまた前方に視線を戻した時、目の前を白い何かが横切った。

当時乗っていた車は四駆だったので、ボンネットが出ているタイプ。

そのボンネットの上、ほぼフロントガラスの真ん前を、白いものが運転席の前から右側へ横切ったのだ。

その白いものは右側が濃い白で、左へ行くにつれて薄く透明になっている。

うまく説明ができないが、僕は今まで怪奇現象も幽霊も見たことない。

いきなりそんなものを見ても、ただの見間違いとしか思えなかった。

だけど頭のどこかで、白いのは人の右肩だ、と思った。

もちろん人の形なんてしていないし、一瞬の出来事だったから尚更だ。

自分でもよくわからないまま少し走ると、遠くに薄暗い街灯に照らされて、道路を白い二つの何かがゆっくりと横断していた。

最初、ネズミかな？　と思っていたが、近づいていくにつれてそれがなんなのかハッキリとわかった。

足だった。足首から下の裸足の足が歩いていた。

それに気づいた瞬間、その足はゆっくりと消えていった。

その時は恐怖心もあったが、先ほどの不思議な感覚と疲れのせいで、見間違いかな？と自分に言い聞かせていたのかもしれない。

やがて、家まであと百メートルほどの距離まで来た時——。

T字路を右折してヘッドライトに照らされた道に、さっきの白い足がまた歩いていて、またもゆっくりと消えていった。

それを見た時に、あることを思い出したんだ。


以前、C子が家に遊びに来た時。

車で国道を走っていたら、不意に歩道から視線を感じて何気なく見ると、ガードレールの下から足が二本出ていたらしい。

もちろん車だからすぐに通り過ぎるのだが……。

また少し行くと、ガードレールの下から足が出ている。

また少し行くと、足が出ている。

そんなことがあった話をC子から聞いていた。

「波長が合ったって言うか、気づいちゃったからついてきちゃったんだよね」

C子がそう言っていたのを思い出した。

その瞬間とてつもない恐怖が襲ってきたのを今でも覚えている。

怖くて怖くて、早く家に入ろうと思い、普段は玄関とは逆にある裏の駐車場に停めるのだが、今は少しでも玄関に近い距離の、家の横の空き地に停めてすぐに家に入ろうと思った。

空き地にまっすぐ停めると車から降り、玄関がある車の後方に歩こうと振り返った。

その時、車の後ろ。トランクルームの角から黒い人が、頭と上半身だけ出して、覗き込むようにして、そこにいた。

後ろから強いライト当てるとシルエットみたいになる。まさにあんな感じ。

突然のことだったので、ビックリして一瞬瞬《まばた》きをした。

しかし、その一瞬で黒い人はもう居なくなっていた。


その日は明るくなるまで部屋の電気をつけて、気を紛《まぎ》らわすためにゲームをした。

後日、C子にこの出来事の話をした。

「気づいてもらえたから、ついてきたんだろうね」

「今まで見たこともないのに突然見えるもんなの？」

「ん〜実はちょっと心配してたんだよ」

「心配？」

「そう。霊感がある人と一緒にいることが多いと移ることがあるんだって」

「じゃあ毎回見ることになるの⁉」

「少しの間かもしれないし、一生かもしれない…それはわかんない」

C子が言うには、大まかに分けると黒い者と白い者がいるらしい。

白い者は、ただそこに居るだけの存在や守護霊的な者だったり、害がない存在らしい。

しかし、黒い者は逆に、あんまり良くない者と言っていた。

じゃあ、僕が見た白い足と、黒い人はなんだったのか。

二種類の霊を見たのか、それとも黒い者に脅かされただけなのか。

怪談

悲しい気持ち

昔付き合っていた彼女から聞いた話。

彼女が小学生の頃、学区外の塾で知り合った友達の家に遊びに行った時のことだ。

友達の家の近くの公園でブランコやフラフープをして遊んでいると、近所の少し年上の女の子に一緒に遊ぼうと誘われ三人で遊びはじめた。

しばらく遊んでいると、年上の子が言う。

「あそこの家知ってる？　誰も住んでないけど、おもちゃとかいっぱいあって面白いんだよ」

三人で行ってみようと言う。

その子の誘いに乗り、空き家に忍び込むことにした。

伸び放題の雑草の生えた庭に入ると、引き戸が開いたままの玄関にまわる。

「お邪魔しまーす」とふざけながら入ると、聞いていた通り、おもちゃを入れた箱がたくさんある。

パチンコやスーパーボール、射的の道具、そして様々な景品など、子供にとっては夢のような光景が拡がっている。

二階に上がり、また一階に下り、やりたい放題に遊ぶ。

一階の居間でスーパーボールで遊んでいた時、友達が言う。

「なんか臭くない?」

居間の押し入れを指さし、腐った匂いがするという。

恐る恐る押し入れに近づくと、本当に酸っぱいような、玉子が腐ったような異様な匂いがした。

醤油か何かをぶちまけたように黒ずんだ押し入れの戸を開けようかどうか話していると「なにしてるのあんたたち!!」と割れた窓の外から怒鳴り声がし、ビックリして外へ逃げ出す。

そのまま友達の家まで逃げ帰り、玄関先の掃除をしていた友達の祖母に事の次第を話す。

すると祖母は血相を変えて二人を家の中に入らせ、こっぴどく叱りつけたのち、こんな話を聞かせてくれた。

「あそこの家は昔、お祭りのテキ屋をしていて、相当儲《もう》かった時代もあったけど、主人が酒乱で暴れて大変だったの。

外でもその素行だったから仕事のほうも次第にうまくいかないようになって、最終的に仕事を失ってしまったんだけど、ある日酒を飲んで暴れた主人が娘に手を上げた時に誤って死なせてしまったの。

それからしばらく娘の死体を押し入れに隠して生活をしていたんだけど、居たはずの娘が居なくなるなんて不自然なことを隠し通せるわけがなく近所で噂になったの。

近所への対応は全て奥さんがして、親戚のところへ預けている、という嘘で乗り切っていたんだけど、人間の死体があるわけだから匂いがひどくてね。

ついには近所で噂になったのよ。娘を殺して家の中に仕舞ってあるって。

そんな日々が長く続くはずもなく、とうとう奥さんは気が触れてしまって。

ある日、ご主人を刺し殺していなくなってしまったの。

今から四十年も前の話だけど、奥さんは今も捕まっていないの」

以来、夜中に近くにある公園のブランコがひとりでに動いていたり、家の中から縁日のアレンジボールを弾《はじ》く音が響いたりする怪現象が起こるようになったそうだ。

「そういえばあの子は？」

夢中で逃げ出したのではぐれてしまったのだろうか？　彼女が不安げに言うと「あの子って誰？」と友達が不思議そうに聞く。

「一緒に公園で遊んでて、あそこの家行ってみようって言った年上の子だよ！　覚えてないの？」

と聞く彼女に対して友達は全く覚えはなく、空き家に入ろうと言ったのは彼女だと言う。

友達の祖母いわく、殺された娘に化かされたのではないか、または一時的に取り憑かれ、家の中に呼び込まれたのではないかという。

この出来事以来、霊感が芽生えたのだと彼女は言う。

余談ではあるが、それから十数年後、彼女に話を聞いた私はその空き家に連れていってもらった。

鬱蒼《うっそう》と生い茂る木々と雑草に囲まれ、もう実を付けないであろう大きな柿の木が目印のボロボロの日本家屋。

確かにその家はそこにあった。

入り口の引き戸、窓にあたる部分はサッシの部分から壊され、何十年もの間、雨ざらしにされてきたであろう玄関の床は腐りきり床が抜けている。

携帯のライトで照らすと玄関先だけでなく所々床は抜け、縁の下の柱がむき出しになっていた。

問題の押し入れを見たい気持ちはあったが、なぜか心に悲しい気持ちが流れ込み、罪悪感に駆られ、それ以上の侵入をやめた。

帰り際、車に乗り込んだあともジッと空き家を見つめる彼女。

無言で車を走らせ街の明かりに包まれた頃、彼女に尋ねた。

「なんか見えた？」

「玄関の入り口に立ってからずっと二階でおはじきの音してた。帰りに二階の窓のところから女の子がずっとこっちを見てたの。寂しそうな顔で。確かあそこは子供部屋のあった場所だと思う。あの子今もあそこに一人でいると思うとなんか可哀相で……」

幽霊を見るほどの霊感のない私にも、残された感情が流れ込んでくるような不思議な気持ちになる体験だった。

不慮《ふりょ》の死を遂げ、母親もいなくなりひとりぼっちになってしまった悲しい女の子の霊の話だ。

怪談

二階

私のおばあちゃんは、ある県のすごい田舎に住んでいました。

そこは貸家だったらしく、とても古かった記憶があります。

私が小学生の頃、母親と兄と三人でそのおばあちゃんの家に帰った時のことです。

時刻は夕暮れ。前日は雨で、その日はとても蒸し暑かったと思います。

兄と二人で虫取りをし、帰ろうとした時のこと。

兄は近所のおじさん達と仲が良く、とても人懐っこい性格だったので近所のおじさん達によく遊んでもらっていました。

私はというと人見知りで内気なため、あまりおじさん達とも仲が良くありませんでした。

兄はそのおじさん達に取った虫を自慢すると言い、おじさん達の集会所となっている神社に向かいました。

私は正直行きたくなかったので、「先に帰る」と言い、おばあちゃんの家に向かいました。

自転車で一人、長い田んぼ道を抜け、おばあちゃんの家の前に着きました。

おばあちゃんの家は二階建てなのですが、おばあちゃんは一人暮らしということもあり、家を借りた時から二階は物置としても使っていないと聞いた記憶がありました。

自転車を直そうと門を開いた時。

着物を着たとても若い二十代くらいの女の人が、二階の一番奥の窓辺に立っているのが見えました。

私に霊感などはなく、当時は誰だろう？　と思っていただけでした。


家に入り、手を洗い、お腹がすいたのでキッチンのほうへ行くと、おばあちゃんがテレビを見ていました。

私はさっきの女の人を思い出しおばあちゃんに尋ねました。

「おばあちゃん。さっき二階に女の人がいたよ？　誰なの？」

おばあちゃんはキョトンとしており、私の言っている意味がわかっていないようです。

再び「二階に女の人がいたけど、誰なの？」と聞くと、「二階には誰もいないよ」おばあちゃんはそう答えました。

私は確かに見たのでしつこく聞いていると、おばあちゃんは少し怒り気味に「なら確認してきんしゃい」と言いました。

当時は私も子供だったため、少し興奮気味に二階へ行ったのを覚えています。

二階へ上がるための階段には天板のような板が階段の途中にあり、そこを開き二階へ行く仕組みになっていました。

私は天板を開け二階に行きました。

二階には何一つ物が置いてなく、カーテンすらかけていなかったので夕日が差し込み優しい光が入ってきていました。

私が見た女の人がいた場所は一番奥の窓辺。

ということは一番奥の部屋。

私は二階に足をつき、奥の部屋へと向かっていきました。

障子には穴が空いており部屋の窓から光が差しています。

違和感……なのでしょうか。

障子に確かに私と異なるもうひとつの影が映っています。

庭には大きな木が立っているのもあり、それだと思いながらも障子を恐る恐る開けました。

そこには誰もいません。すると、
ガラガラガラ。

誰かが玄関を開ける音に驚きました。

母親が帰ってきたようです。

その音に驚き、急いで一階へ戻った記憶があります。

私は母親に抱きつき安心感を得ていました。


夕飯時、私は母親にその話をしました。

私がしつこく言うので、母親と兄と三人で二階へ行くことになりました。

また、二階への天板を開け二階を覗きました。

夜で夕暮れの時のような光はなく真っ暗。

そのため母親が懐中電灯を持ってきて二階を照らして見ました。

あまりにも怖かった私は二階へ足を運ぶことはできません。

すると兄がある異変に気づいたようです。

二階は一度も使ったことがないので、すごくホコリが溜《た》まっています。

もちろん私の足跡がくっきりハッキリと写っていました。

しかし、奥の部屋へ向かった時の足跡はひとつだけでしたが、奥の部屋から階段へ帰ってくる時の足跡。私の小さな足跡のほかに、足袋《たび》を履いたような足跡がついてきていました。

それもしっかり真後ろをついてきたようでした。

あまりの恐怖に三人共驚き、その日は三人一緒に寝ました。


次の日。

その日はうちへ帰る予定でした。

荷物を積み込み終わり、喉が乾いた私は一人、キッチンへ水を飲みに行きました。

水を飲んでいると上からスタスタスタ、と人が歩く音がします。

二階には誰も居ないはず。

その時の私には確認しに行く勇気はなく、走って帰るための車に乗り込みました。

おばあちゃんがお見送りしてくれたため、私は車の窓から身を乗り出して後ろを向き手を振ろうとしましたが――。

あの女の人がまた視界に入ってきました。

その時の女の人は昨日とは違い、化粧をして髪を結び、とても美しい姿をしています。

そしてこちらを見ていました。

私はその時、恐怖と困惑で複雑な気持ちだったことを覚えています。

あの家にはもうおばあちゃんは住んでおらず、ほかの家に引っ越しています。
あの女の人もその時以来見ていません。
あの女の人は誰だったのか。今でもまったくわかりません。

怪談

防空壕の女

私が中学に入ってすぐの頃だったので約六年前の話になります。

私の住んでいる街には山があります。

頂上には街を一望できる展望台と大きな噴水がありました。

その山はネットで調べるとちょこちょこ霊的な話が出ています。

この山のふもとにある大きな池から生首が出ていたり、立ち入り禁止の道の奥にある防空壕から女の人が出てきたり、などの話がありました。


ある日、私は友達二人とその山へ行き、カナヘビを捕まえにいこうとしました。

その日はテストが近いということもあり、早帰りで昼の二時頃に帰宅したのですが、学校のルールで四時までは自宅で学習しなければならない日でした。

でも、そんなことを守る人なんていません。

探し始めて三時間が過ぎた五時半頃、いくら探しても見つからず、もう帰ろうかなんて話していたのですが、一人が「ねぇ、防空壕に行ってみない?」と言い出しました。

私ともう一人の友達は、心霊が大好きだったので行くことになりました。

立ち入り禁止の看板に括《くく》りつけられていたトラロープを跨《また》いで、どんどん奥に行きました。

奥へ行くと友達が「なんか……ジメッとするね」なんて言いました。

その日は梅雨の季節だったのですが、数日前の大雨を感じさせないほどの快晴で半袖でも暑いと感じるくらいだったので、奥に進むにつれて空気が悪くなっているのはなんとなく感じ始めていました。

「あったよ」

もう一人の友達が防空壕を見つけたようでした。

確かに目の前には直径一・五メートルほどの穴が口を開け、中は真っ暗。

「おぉー。これが防空壕かぁ……」と友達が言っていたのを聞きながら（なんだ、なんも出ねぇのか……）なんて思いつつ、今来た道を見ると――。

白い服を着た女性が、五十メートルほど離れたところからこちらを見て立っていたのです。

私はまずいと思い、友達二人に小声で、

「ねぇねぇ。後ろから白い服の女が来てるんだけど」

と言うと、友達が振り向くなり「え？　どこ？」と言うので、

「いや、だから後ろにい……あれ？」

後ろを向くと誰もいなかったのです。

友達は、私が驚かすために言ったものだと思ったようで、私はずっと「い、いや！　いたんだって！　俺が後ろ向くと女がこっち見てたの！　だいたい五十メートルくらい離れたところから！」と訴えましたが、「はいはい」と聞き流されてしまいました。


来た道を歩いて立ち入り禁止の看板の裏面が見えた頃、私はもう一度振り返りました。

すると、さっきの女がまた立っていました。

そして、あることに気がついたのです。

その女、左腕と右目がないんです。

ワンピースみたいなものを着ていて左腕はなく、右目は真っ黒になっています。

私は友達に話しても無駄だと思い、見て見ぬふりをして駐輪場に戻り、山の裏側からみんなでブレーキをかけずに猛スピードで下山することになりました。みんなペダルに足をかけずに足をピンと伸ばしたままハンドルを握ります。

下山の途中、耳元で「なにしにきたの？」と女性が囁《ささや》きました。

私はその瞬間恐怖で胸がいっぱいになり、全力で自転車を漕いでしまいました。

友達二人が「おい！　止まれ！　事故るぞ！」と言っていたみたいなのですがそれどこ

ろではありませんでした。

私は途中で盛大に転び、前歯二本が抜けて、両脇にあった八重歯は欠けて、歯茎と唇が血まみれ。そして膝は骨が見えるくらいまでえぐれて、体全体的に大怪我を負いました。

私はそこで気を失い、気がつくと大きな病院で夜の八時になっていました。

友達がスマホで救急車を呼んでくれていたみたいで、両親と兄が私を囲っていました。

母親が「翔太、大丈夫？」「ここどこかわかる？」と、どんどん質問してきますが、歯が欠けている上に口の中がものすごい痛みに襲われているので、しゃべれるわけもありませんでした。

医者が「翔太くん、これ何本に見える？」と聞いてきたので、私の太ももあたりに「3」と指でなぞりました。

「頭は強く打ってないみたいですね。念のため、レントゲンなど撮ろうと思います」と医師に言われ一週間は入院してもらうという話をされました。

母親は着替えを取りに家に戻り、父親は早朝には起きて仕事に行かねばならないとのことだったので、私が帰って寝てくれと頼みました。

病室に残ったのは私と兄だけになりました。

「お前、まさかだけど防空壕……見た？」と兄は聞いてきました。

私はコクっと頷きました。

兄は「……………やっぱり」とボソッと言いました。

「いや、俺の友達の◯◯も交通事故にあったじゃん？　その前に山で防空壕に行って女を見たんだって。そんで事故にあう直前に耳元で『なにしにきたの？』って囁かれたって話聞いたから……」

この話を聞き、私はあの女はそっちの世界の者だと確信し、恐怖しました。

一週間の入院生活が終わり、今度から二週間に一回の通院になりました。

入院が終わって学校に行くと、先生達に心配されましたが同時に怒鳴り散らされました。

「翔太、学習時間守らなかったのか⁉」

「◯◯山の立ち入り禁止のとこ入ったのか⁉」と質問責めにあいました。

どうやら友達の一人が私の事故がショッキングだったようで、先生達に全部正直に話したようでした。

学年主任は「渡辺、心配したんだぞ。もう心配させるようなことはするな」とひと言。

この先生だけは私を怒鳴ることはしませんでした。

今回のテストは私が入院している間に実施されていたので、私はみんなが授業を受けている間にテストを受けることになりました。

放課後、友達二人が「ごめんな。俺翔太が言ってたこと嘘だと思ってた」と言ってきました。


ここからは友達が後ろから見ていた時の話ですが、私が無我夢中で自転車を漕いでいる時、私は急に横切ってきた女とぶつかり事故ったらしいのです。

しかし女はすぐ消えたとのことでした。

高校に入って同じ街の友達が言っていた話なんですが、夏祭りがあった日にその友達が五人ほどで防空壕に行った時、防空壕から白い服の女が出てくる瞬間を見たらしいのです。


あれから六年間、あの山に登ることはなかったのですが免許を取り、親から就職祝いに買ってもらった車で、一人で山に来ました。

立ち入り禁止の看板を見て懐かしく感じました。

あの女は看板の奥で今でも立っていました。

もう二度とこの山に来ることはないだろうと思い、私は車を走らせました。

怪談

蜘蛛男

私は学生（短大）の時、九州のとある県で一人暮らしをしていました。

お金がなかったため、できるだけ家賃の安いところを探して選んだ場所は、
・大学から徒歩五分。
・六畳１Kのユニットバス＋角部屋。
・水道費込み（家賃二万五千円／月）※私の部屋以外の家賃は三万五千円。
・二階建ての建物で一階は新興宗教（自然信仰系）が借り切っていた。
という、いかにも何かあったやろというアパートでした。

しかし当時は本当にお金がなく、幽霊は見えませんがこれまでも様々な霊現象に合ってきたので「余裕だろ～」と思い契約しました。

いざ住んで見ると、電気が勝手に消えたり、夜中に変な物音がしたりは当たり前で、寝ていると誰かが布団の周りをぐるぐる歩いているなど様々な現象がありました。

しかし、それを除いては大学・市街地にも近くとてもいい物件だし個人的には満足していました。

住み始めて三か月経った頃、大学が近いこともあり友人が泊まりに来ることになりました。念のため「あ～でもうち出るよ、幽霊さん」と言いましたが、逆に盛り上がってしまいました。

そしていざ泊まりの日、みんなでＤＶＤ見たりお酒飲んだりして時刻が零時を過ぎた頃、「そろそろ寝るか～」と電気を消しました。

なんだかんだ幽霊話で盛り上がったりもしましたが、騒いで疲れていたのでみんなすぐに寝てしまいました。

寝てしばらく経つといきなり、「ねぇちょっと！　起きてよ！」と起こされました。

寝ぼけながら起きると、泊まりにきていた友人三人とも怯えながら大騒ぎしています。

「ねぇ！　この部屋なんかいるよ！」

みんな口々に、若い男性が布団の周りを歩いていたとか、子供の声がして壁を叩いたりしてたとか言うのです。

「だから出るって言ったじゃない――大丈夫、何もしないっぽいし」

私はそう言ってみんなを宥《なだ》めたのですが、

「今夜はもう、このままみんなで起きとくわよ！」

と怒られ、結局朝までみんなで雑談しながら過ごしました。

ちなみにこの時（いつも布団の周りを歩いていたのは若い男の人だったんだな、なんでみんなには見えたんだろう）などと、呑気《のんき》に思っていたりしていました。

その後は特に妙な現象はなく、朝になるとみんなで大学の授業に出かけました。

そんなことがあり、遊びにはきても泊まる友人はいなくなってしまいましたが、私にも実害もないため、そのまま住み続けました。


住み始めて一年、相変わらず続く現象にも完全に慣れてしまった頃。

バイトから帰ってシャワーを浴びていると、いつもとは違う空気を感じました。

うまく言えませんが「何かがいる」「空気が変わった」というやつ。

急いで着替えて台所に行くと、水道の蛇口をひねって水を出しました。特に意味はないですが、自分にとってのおまじないみたいなもので、妙な空気を感じるといつもしていました。

どうせ私には見えないんだし、早く寝てしまえば大丈夫！　とさっさと布団に入って寝ようとしました。

なかなか眠れないので、寝返りを打ちながら、ふと視線を壁に向けると――。

いた。

私の顔をものすごい形相で睨みつけている——。

蜘蛛のように壁に張り付いて、私の顔を見ているおそらく三十歳くらいの男性。

心の底から人を恨んでいるような、怨念のような顔。

私は、初めて目に見えた「霊」というものに、恐怖で体が動かなくなってしまい、目を逸らすこともできず、ただただそいつの顔を見ていました。

男は蜘蛛《くも》のような格好で壁に貼り付いたまま、しばらく上下左右に動いていましたが、やがて壁の中に消えていきました。

私は飛び起きると携帯を握りしめて部屋を飛び出しました。とにかく明るい場所へと思い、近くのコンビニへ逃げ込むと、友人に連絡して家に泊めてもらうことにしました。

それ以来、家にいてあの嫌な感じがすると、友人の家に泊まりに行くことにし、蜘蛛男に遭遇しないように気をつけました。

引っ越しも考えましたが、費用の問題もあり結局は卒業まで住み続けました。

嫌な予感がすると家から出ていたので、それから見ることはありませんでした。

卒業して部屋を引き渡す時に、大家さんから「最後まで住んでいただきありがとうございました」と言われたので、これまであった現象を「実は……」と話しました。

すると大家さんが驚いた顔で言いました。

「これまで、子供の声がしたり布団の周りに聞こえる足音のことは言われたことはありますが、蜘蛛のような男というのは初めてですね……」

蜘蛛のような男は、昔から部屋にいたのか、最近になって出るようになったのか、私にはわかりません。あの部屋が今も貸し出されているか、入居者がいるのかも、調べていないのでわかりません。

後日、友人にこの話をしたところ、「お祓いに行こう!」という話になり、ネットで調べて県内にいる除霊師に会いに行ったら、その人から、

「今あなた、女性の生き霊が二体と虫の霊が三体ついている」

と言われ、軽くお祓いを受けました。

除霊師に蜘蛛男のことを話すと「幽霊にも段階があり、怨念がピークに達した幽霊は蜘蛛のような形になる」と教えてもらいました。

怨念が自分に向けられたものでないか、友達とみんなで怯えました。

もう何年も前のことだし今は東京都内在住なので、あの時のような嫌な空気も感じることなく、蜘蛛男も見ることはないから大丈夫だとは思っています。

以上が、私が学生の頃に経験した話です。

人怖

赤い警察官

これは、とある会社員の男性Kさんが二十代の頃に体験した話だ。

当時、Kさんはいかにも昭和らしいボロボロなアパートで一人暮らしをしていたという。普通に働いて、普通に遊び、食べて寝る――同じような日々の繰り返しではあるけれど、まだ日本の経済が安定していた時代だったこともあり、若いながらとても充実していたのだそうだ。

それが起こったのは、一人暮らしを始めて三年が経ったある夏の夜。

その夜、Kさんはあまりの寝苦しさで目を覚ました。

全身汗だくで喉もカラカラ。とりあえず水でも飲もうと台所へ向かったところ、妙な光景が目に入りKさんは立ち止まった。

台所の流しの前には摺《す》りガラスの窓がある。その窓の外が異様に赤かった。

赤いライトを照らされているような感じだろうか。

（なんだろう?）と思い、Kさんが窓を開けて外を確かめようとすると〈ピンポーン〉と呼び鈴が鳴った。

Kさんはギョッとして、台所横の玄関ドアを見た。

そして、壁に掛けてある時計に目をやる。時刻は深夜の二時過ぎだ。

(こんな時間に誰だ？) Kさんが訝しんでいると、

「警察です」

ドアの外から男の声がした。

(警察？　こんな時間に？)

Kさんには警察のお世話になるような心当たりはない。

(何か事件でも起きたのだろうか？)

そして、窓の外の赤い光はパトカーの赤色灯だと思い至った。

Kさんはとりあえず応対しようと思い、「はい、今出ます」と、外の警官だという男に向かって声を返した。

すると〈ピンポーン〉と、再び呼び鈴が鳴り、

「警察です」

と、ドアの外から男の声がした。

「はい、今出ますから」

Kさんは急いでズボンを穿くと、ひと口水を飲んでからドアに向かった。するとまたも、

ピンポーン、そして「警察です」という男の声。

（………?）

それは直感だったのだろうか。Kさんはなんだか変な胸騒ぎがして、ドアを開けるのを躊躇《ためら》った。

（なんか、この警察官だという男は変だ）

なんとも言えない気持ちの悪さを感じて、Kさんはドアを開けずにしばらく様子を窺った。すると、また〈ピンポーン〉――「警察です」

そしてまた、しばらくすると〈ピンポーン〉――「警察です」

それはまるで、録音したものを繰り返し再生しているように、まったく同じトーンで繰り返される。

そしてKさんはあることに気がついた。

パトカーの赤色灯は点滅するものだが、窓の外はただ赤い。それに、このアパートの駐車場は反対側なのだ。つまり、玄関があるこちら側の外には、車を停められるスペースはない。

ピンポーン――「警察です」

Kさんはあまりにも異様な状態に、その場から動けなくなってしまった。恐怖で強張った顔で、玄関のドアを凝視することしかできない。

その間も、
ピンポーン――「警察です」

それが繰り返される。

どれぐらいの時間そうしていたのかわからないが、気づけば外がうっすらと明るくなり始め、唐突にスッと窓の赤いモヤがかった明かりが消え、ドアの外にいた警察官と名乗る「何か」の気配も消えたという。

今でもたまに赤色灯を見ると、（あれはなんだったんだろうか？）と、思い出すことがあるという。

怪談

覗く男

大学女子寮の寮監をしているNさんから聞いた話です。

通りに面した窓がある部屋に入っている寮生から、「夜、外から誰かに見られているような気がする」という相談が複数あったので、通りに面した外壁に防犯カメラを設置することになりました。

建物沿いには二メートル幅で玉砂利《たまじゃり》が敷き詰められていますが、それより外側のフェンス際には木が植えられていて、通りからの目隠しになっています。

玉砂利は足音を響かせるので侵入防止になりますが、覗き目的なら、フェンスを乗り越えて木に登りさえすればいいのかもしれません。

目隠し用に植えた木なのでカイヅカイブキなどの登りにくい種類なのですが、だいぶ育って幹はしっかりしていましたし、覗きの常習者ならこれを登ることくらいやってのけるのかもしれません。

そこで抑止力になることも期待して、通りに面した建物左端の二階に、フェンスと建物の間の細長い庭が縦に見渡せるように、壁に対して十五度くらいの角度で赤外線カメラを取り付けたのです。

さらに、通りから目につきやすいところに「防犯カメラ監視中」のステッカーも貼ったので、これでおいそれとフェンスを越えて木に登るような者もいなくなるだろうと思われました。

カメラを設置してから初めての宿直の夜、Nさんは日報を記入してから、物珍しさもあって、しばらくモニター画面に見入っていたそうです。

赤外線のお陰で、肉眼では真っ暗な庭も、夕方くらいの明るさで見通すことができます。とはいえ、動かないフェンスと木の並びと玉砂利面と壁、そこに、たまに通りを通過する車のライトしか映らない画面ですから、すぐに退屈になります。

録画もしているし、そもそもずっと監視しておくようにという話でもなかったので、彼女はそろそろ寮内の見回りに行こうか、と席を立ちかけました。

その時です。

画面の一番奥の左側、建物の壁際に、ぼんやりと人影のようなものが見えました。

フェンスを越えるのも木の間をすり抜けるのも見なかったのに、それは、唐突にそこに現れたように見えました。

その右手は壁にぺたりと当てられていて、左手はだらりと垂れ、肩は少しその左側に傾いています。

シルエットからして、女ではありません。男です。

その男はこちらを向いていて、ぺたりぺたりと右手の位置を前に動かしながら、壁沿いにカメラのほうへ歩いてきているように見えました。

泥棒？　変質者？　いずれにせよ、不法侵入者に違いはありません。


（け、警察に……）

一瞬、Nさんはそう考えました。しかし、すぐに思い直しました。

だって、おかしいのです。

フェンスと建物の間の細長い空間を、建物の端の二階から縦に見渡すアングル。

その一番左奥の壁際に立っているので、男は画面上では小さく見えています。

ところが、その手は……建物の二階の壁に当てられているように見えるのです。

つまり、縮尺がおかしいのです。

一番奥のその位置に立っているなら、人影は、さらに小さく映るはずなのです。

（これじゃ、まるで巨人じゃないか）

男は近づいてきます。

カメラが取り付けられているのは、今Nさんのいる寮監室の窓の上の壁です。

画面の男は近づいてきます。ということは、その足が玉砂利を踏む音も近づいてくるように聞こえてこなければおかしいのに、外は静まり返っています。

ですが、男は――ちょうどカメラの高さに頭のある男の姿は、モニターの中ではどんどん近づいてくるのです。

顔が見えました。

赤外線モードで無色なので顔色は判然としませんが、男は、無表情です。

これと言って特徴の無い……今思い出そうとしても難しい……そんなのっぺりとした顔だったように思う、とのちにNさんは語りました。

その顔がどんどん近づいてきて、『ギロリと睨みつける』ということでもなく――単純に、「これはなんだ」というようなぼうっとした目つきで、カメラを覗きました。

アップになる顔と、眼球。

「ヒッ……」

思わず、Nさんはモニター前の椅子から腰を浮かせて後退しました。

その直後、バッと顎《あご》を上げて、カメラの真下にある窓の様子を確認しました。

誰もいません。

そこに見えているのは、夜空と、室内の明かりにぼんやり照らされている木の並びだけでした。

再びモニターを見ます。何も映っていません。

Nさんは恐慌状態に陥《おちい》って、仮眠中の相勤者を起こすための呼び出しチャイムのボタンを押しました。

「すぐ確認をしなくては！」という職業意識が働いて、Nさんは、起きてきた相勤者にその異様さについては敢えて説明せず、人影が映ったので外を一緒に確認してくれるよう頼みました。

――壁一枚越しのすぐ側とはいえ、一人で見に行くのは、流石に怖かったからです。

「侵入者かもしれない」と聞かされた相勤者は、Nさんの見た異常な光景など知りませんから、それは大変だ！　と、すぐさまサーチライトと、何かあった時にすぐ通報するための携帯電話を持って部屋を出て、Nさんもそれにおっかなびっくり続きました。

――結果から言うと、そこには誰もいませんでした。

それに、あれだけの大きさの人物がそこを歩いていたなら、相当な凹凸《おうとつ》が出来ているであろうはずの砂利面も、全く普段通りでした。

誰もいないとわかりようやく落ち着いたNさんは、部屋に戻ってから、改めて自分が見た光景の詳細について相勤者に語り、一緒に映像を確認してみることにしました。

しかし、録画されたその時間帯の映像には、大男の姿など影も形も無く、その後に映り込んだ見回る自分達の姿も、当たり前の大きさで捉えられていました。

（あぁ……そうだよな。これが、普通の大きさだよな……）

そう思い知った時が、実は一番怖かった——と、Nさんは震える声で言いました。

「夢でも見てたんじゃないの？」とお決まりのような台詞を言われて納得できないような気持ちにもなりましたが、記録が残っていないものは仕方がありません。

あまり言っていると、頭が変になったと思われかねないので、彼女はやむなくそこで口を閉ざしました。

実際、疲れていたんだろうか。目新しい物に興奮して、幻覚を見たのかもしれない。

そんな風に、思いつくだけの現実的な可能性を心のなかで自分に言い聞かせ、Nさんはそのことを意識の外側に押しやろうとしたのだそうです。

——ところが。ちょうどその時、寮監室の扉がノックされ、おずおずと入ってきた寮生が、こんなことを言ってきました。

「大きな目が、窓の外から見てた気がするんです……！」

その巨人が何者だったのか、結局Nさんにはわかりませんでした。

その後、あまりにも類似の報告が寄せられたので、初めはなかなか取り合ってくれなかった学校側も重い腰を上げ、一度目のお祓いが執り行われました。

それでも効果が無かったのか、二度目のお祓いのあと、小さな祠のような、石のモニュメントのような物が敷地内に据えられ、それからは目撃談もぱったりと止んだそうです。

しかし、それがなんだったかの説明の場には、Nさんはすでに担当を外れてしまって立ち会えず、結局今もわからないのです。

彼女が目撃した巨人は、どこに行ったのでしょう？　その場に封じ込められてしまったのか、別の場所に移ってしまったのか。

普通に生活していると、「見られているような気がする」と感じることがたまにあります。

それは、ほとんどが気の所為《せい》か、実際誰か生きた人間に見られているかのどちらかなのでしょう。

ですが、そんな瞬間に自分を見ていたのは、もしかしたら——実は、「規格外のサイズの目」だった……なんてことも、あるのかもしれませんね。

怪談

二重の声

「声が重なって聞こえるんです。あー、あー……って」

二回目の「あー」のイントネーションを半音下げてみせ、体験者のTさんは静かに語り始めた。


Tさんは仕事場まで車で通勤しており、帰宅時間は十八時を回るのが常だという。

今年二十二歳になる彼女は、運転免許を十八歳で取得したものの、これまで友人とちょっと遊びに行くくらいでしか車を運転したことがなかった。しかし、就職を期に車通勤を始めたことで、ようやく運転に慣れてきたというところであった。

始めの頃こそおっかなびっくり運転していたが、やがて外の景色を少しばかり楽しむ余裕も出てきて、片道二十分の通勤路をまったく苦に思わなくなった。

お気に入りの音楽をＢｌｕｅｔｏｏｔｈで車のスピーカーに繋いで聴きながら、毎日の通勤を楽しんでさえいた。

そんなある日の帰り道。

最近流行っているアニメの主題歌が流れている時だった。

Tさんはなんの気無しに鼻歌で主旋律を奏でつつ、たまに少しだけ口ずさむ。お気に入りの曲が流れるといつもこうだ。

曲が転調し伴奏が静かな調子になると、ボーカルの透明な歌声が際立って美しく響く一節が流れる。Tさんがこの曲の中で特に好きな部分でもあったので、仕事の憂さを晴らすように、スピーカーから流れるボーカルと一緒になって声を上げた。

その途端、ボーカルの歌声が不協和音のように、いきなり半音下がって聴こえた。

すぐに元に戻ったように思えたが、やはり流れてくる曲の調子はおかしいままで、ボーカルだけでなく、すべての音が微妙にずれて聴こえてくる。

不思議に思ったTさんはＢｌｕｅｔｏｏｔｈの接続を切り、再び繋ぎ直した。通信か接触の不良は繋ぎ直せば大概は直るという経験からの行動だった。

だが、再び流れ出した曲は、最初からすべての音がずれている。主旋律と半音下がった旋律が重なって、不協和音として聴こえて気味が悪い。

「なんで？」

思わずTさんが声に出した。

「あれ？」

自分の出したその声すらも半音下がっていることに気づいた。それだけではない、車のエンジン、タイヤの音、今自分が聞いているすべての音が何もかも、元の音と半音下がった音が重なって聞こえる。

瞬間、クラクションがけたたましく鳴らされ、対向車線から飛び込んでくるヘッドライトに驚き、慌ててハンドルを切る。危うく中央線を跨いでしまうところだったので、一旦落ち着こうと深呼吸をする。

ふと思えば、そのクラクションの音もまた、半音下がっていたという。

「突発性難聴ですか?」

私(りっきぃ)が少しの沈黙を破ってそう言うと、Tさんはすぐに「そうそう」と相槌《あいづち》を打った。

「明らかに左耳だったんですが、帰宅して、同棲してる彼氏に耳が変になったって言ったら、それじゃないかって言われたんです」

突発性難聴。その原因はストレスや過労、睡眠不足やその他の原因で突然起こる耳の疾患だ。なんの前触れもなく突然起こることはそれほど珍しくもない。彼女のように若い女性であれば、「低音障害型感音難聴」なんていう分類があったりする。

その症状は様々で、単純に耳が遠くなる、つまりは音が聞こえにくくなるだとか、あるいは何も聞こえなくなるということもある。前述した低音障害型感音難聴だと、音が響いて聞こえたり、低音域の音が聞こえなくなったりする症状もあるらしい。

私がそれらの症状をTさんに伝えると、彼女はぽかんとした表情で思い出すように「確かに、低い音は聞こえなかったし、その後彼氏と話してる間、ずっと響いたような、籠ったような感じだったんです。あ、それに左耳だけ」と、自分の左耳を指差した。

であれば、この話はただの疾病の奇妙な症状の話で、オカルトの類ではない。そう思った私は少しの落胆を胸に、Tさんにそれを悟られないように話を切り上げようとした。

しかしTさんはそこで話を終わりとせず、突然声のトーンを落として続けた。

「それだけじゃないんです」

帰宅したその後、彼氏に、

「昨日夜更かしもしてたし、最近仕事も忙しいみたいだから、それが原因だったんだよ」

そう言われてTさんは、確かに前日は友達との長電話で夜が遅くなったことを思い出した。仕事も残業が続いていたし、寝るのが遅くなればそれだけ翌日にも影響してくる。知らずしらずのうちにストレスを溜め込んでいるのかなとTさんは納得した。

「様子を見て、明日も変なようだったら病院に行きな」

「そうする」

彼氏にそう諭されてから、Tさんは「でも本当に怖かったんだよ」と続けた。

「まるで自分の左隣で、お化けが囁いてるみたいな感じだったよ」

Tさんがそう笑いながら言うと、彼氏さんが「そんなワケないじゃん」とつられて笑った。

「そうだよ……ねぇ」

Tさんは言い終わるか終わらないかのところで、バッと後ろを振り返った。

彼氏もその様子に、思わず身を震わせて驚いた。

「どうしたの?」と言っている彼氏の声が遠のいていき、Tさんは冷水を浴びせられたような気分になった。

咄嗟に左耳を覆い「あー、あー」と自分の声を聞くが、依然籠った感じには変わりはない。だが、さっきの一言だけがおかしかった。重なった声が、まるで——。

「自分の声じゃなかったんです。別の人の声が重なっているような——」

Tさんはそう言って居住まいを正した。

結局、翌朝になると左耳の異常はサッパリ元通りになり、念のため耳鼻科を受診したが快調そのものだという。

「で、その……変な声というのは?」

私がそう聞くと、Tさんは考え込むようにして言った。

「私は〝そうだよね〟って彼氏に返事したんです。幽霊の仕業なんかじゃないよねって意味で。でも……」

目を伏せたあと、再び目線を私に向けて、Tさんは続けた。

「〝そうだよ〟ってもう一人の声が言ったんです。私の声ではない、ずっとずっと低い声が——」

向かいで不安そうにしているTさんの真横、左側に立つ不気味な女を想像してしまい、私は彼女から目を逸らして半分残っていたコーヒーを一気に飲み干した。

「まぁ、私の気のせいと言われればそうかも。すみませんこんな話で」

「いえいえ……。まぁ、自分の声だろうと低くなって聞こえたら他人の声のようにも思えますしね。本日はお時間を頂きありがとうございました」

そう言って席を立とうとしたら、Tさんが目を剥《む》いた。「どうしたの?」と訊くと、Tさんは小刻みに震えながら「違います」とつぶやいた。

「女の声じゃない……あれは明らかに、男の声でした」

その後、Tさんは再び耳鼻科に行った。ついでに近いうちにお祓いにでも行ってくるつもりだそうだ。

私はこれを幽霊の仕業だとは断言しなかったが、病気の症状だとも言い切れなかった。果たしてどちらだったのか、未だその答えは出ないのだが、どちらにせよ、今後彼女に何もないことを祈るばかりである。

怪談 三角折り

今から遡《さかのぼ》ること数年前に、実際に私、ごまだんごが体験した話。

私は神奈川県横浜市生まれ、横浜育ちであるが、神奈川県の大学を卒業すると同時に、とある企業にて縁を頂き、そこで働くこととなった。

勤務地は広島であった。人生で生まれて初めて広島県に行くことが決まり、知らない土地に赴《おもむ》くことにワクワクする反面、「本当に一人でやっていけるのか」という不安もあった。

その気持ちを察したのか、母は「一人で大丈夫？　私も着いて行こうか？」と言い、結局母と一緒に広島に引っ越すことになった。

今振り返れば、親子ともにかなり思い切った決断だったと思う。私は母を残す不安があり、母も私を一人送り出すことに不安があったのだ。

広島に母と二人で引っ越すという一大イベントを完遂させるために、まずは現地の不動産屋に赴くこととなった。

そこは全国チェーンの不動産屋で、何件か目星をつけて内見する運びとなり、母とともに、ああだこうだ言いながら物件を見て回ることになった。

その中に一つ、特に気になる物件があった。

広島県廿日市市《はつかいち》にある一軒家で、二階建て、風呂トイレ別、4DK、駅に近い、という物件だった。家賃は八万円前後だった。

親子で住むには申し分ない広さであり、駅にも近いし買い物の便もいい。

難点は〝ボロい〟ということ。築四十年以上は経過しており、玄関は引き戸で壁も薄かった。家の前がわりと大きな道路で、通行車があるたびに家全体がガタガタと揺れる。

中も外もまるでドリフターズのコントで使われるハリボテみたいな家だったが、何故か私と母はそこが気に入り、住むことにした。

今思えば、何故あんな家が気に入ったのかわからない。家賃が安いというメリットはあったものの、肝心の勤務地からは遠く、デメリットのほうが大きい家だったのだ。

しかし、その家の内見をしてからはあっという間に契約してしまった。

そして四月の入社前に引っ越して、その家での生活が始まったのだった。

私が入社した会社は某全国チェーンの飲食店である。そして広島市内のとある店舗の店長を任されることになり、毎日深夜まで働いていた。

その家に暮らし始めて半年が経とうというある日のこと。

私は久々の休みで、二階の自分の部屋で友達とオンラインゲームを楽しんでいた。

部屋の外から「ちょっといい？」と母の声が聞こえ、返事をする間もなく部屋の扉を開けた母が、私の目の前に木箱を差し出した。

「何これ？」

ヘッドフォンを外し、そう訊く私に母が神妙な顔で応える。

「あの引き出しから出てきたのよ」

一階の居間には、備え付けの仏壇を置く棚があり、小さな引き出しがいくつもついてた。家の掃除をしていた母がその引き出しを開けたら、木の箱が入っていた、というのだ。

「え？　だってここ越した時、前の人が忘れ物してないか隅々まで見て、結局、何も出てこなかったじゃん」

「でも出てきたのよ。これが」

「何それマジ？　おかしくね？」

「うん……なんだろうね、これ」

縦横十センチで高さ二センチほどの木箱。おもむろに母からそれを受け取り、蓋を開けると、そこには乾涸《ひから》びた小さなものがある。

「うわ……まさかの臍《へそ》の緒《お》じゃん……」

「前の人が忘れていったのかね」

「いやに冷静だね。ってかありえないんだけどな、引き出しに入ってるの」

「でもあったんだよねぇ。一緒に確認した時はなかったのに」

「でもなぁ……」

「なんかよくわかんないけど……あそこに戻しとくね」

「う〜ん……まあそうだね。なんかアレだけど、戻しとこか」

結局、臍の緒の入った木箱は、見つけた場所に戻すことにした。

だが確かに、引き出しには何も入っていなかったのである。母が嘘を言っているとも思えず「まぁ忘れ物だよね。きっと」と、お互い気にしないようにしたのであった。

それから二週間が経った。

その夜、激務を終えて帰宅した私は、一階のトイレに駆け込んだ。

家路についている途中から、尿意をこらえていたのである。

カバーを上げ、小便をしながら「ふぅ……」と辺りを見渡して、なんとなく妙な違和感を覚えた。

「あれ？」

それはトイレットペーパーであった。先が三角に折られている。

母かとも考えたのだが、今まで二人とも家のトイレットペーパーを三角に折るなどしたことがない。何より、その折り方が丁寧すぎる。トイレットペーパーの先を一度、長方形に奥に折り込み、それから鋭角な三角形に形を整えていた。

こんなきれいに三角形を折っているのは、今まで見たことがない。

やっぱり母なのかな、と思いながらもその日は就寝した。

それから一週間が経った。

そのことを母に聞くのも忘れるほど、激務に追われていたその夜。

疲れて帰ってきた家で、トイレに向かった。ドアを開けてふとトイレットペーパーを見て、あれっ？　とまた思った。

また、三角形に折れていたのである。

まるで精密器具で綺麗にピッシリと折られているかのような鋭角な三角形は、何故か見ているだけで気持ちが悪かった。

時刻は深夜三時過ぎ。当然のことながら母は先に就寝していた。

母もパートで疲れているだろうし、わざわざ起こして「三角折りにしてるのはあなたですか？」と訊くのは変だろう。

むしろ、それを聞いて「いや。私じゃないけど」と言われたらどうしようか。

もし仮にそう言われて、事の顛末《てんまつ》を話した場合、怖がりの母は怯えてしまうだろう。

そうするとこの家を引っ越さなくてはならない。

だが忙しくて、新しい家を探すことも引っ越しの支度をすることもできない。

でも真相を知りたい。母に聞いてそれを明らかにしたい。

そんな考えが頭の中に浮かんでは消えた。

結局、私が出した結論は「母には黙っておこう」という事だった。

母が三角に折っていたなら何も問題はない。母が折っていなかった場合は誰かが侵入している、もしくは怪奇な現象が起きていることとなる。

先述した臍の緒の件から、何かがその家で起き始めている気がした。


それから二ヶ月が経った。

深夜、仕事が終わって家に帰りトイレに入ると、相変わらずトイレットペーパーは三角に折られている。

だが、もう慣れていた私は、母が「毎日お疲れ様。貴方の憩《いこ》いの地、トイレを綺麗にしときましたよ。その証拠にほら。ペーパーも三角にしてます」と、わざわざ折ってくれてるんだなと勝手に解釈していた。

そんなある日のこと。私の休日に、店でバイトをしている大学生の男性のJとGが、家に遊びに来ることになった。

母はパート仲間とカラオケに行っているようだった。

リビングに二人を通し、共通の趣味であるゲームをやろうとした時、Jが「すみません！　ちょっとトイレ貸してください！」と言う。

私は「そこ出て目の前のドアね」と教えると、Jはトイレに駆け込んでいった。

しばらくして「すみません、めっちゃ腹痛かったっス」と、大便だったようで照れながら戻ってきた。

その後しばらくおしゃべりで盛り上がり、私もトイレに行こうと席を立った。

用を足していると、視界にチラッと違和感があり、自然と口から言葉が出ていた。

「うわぁ、嘘だろ……」

トイレットペーパーが、いつもの〝三角折り〟になっている。

こうなっては変だ。母は出先だし、直前でトイレに入ったのはJだ。

まさかJがこの折り方をするはずがない。一応トイレを出てJに確認してみたが、やはり三角に折ってはいなかった。

頭がパニックだった。今までどこかで母が折ってるものだと解釈していたが、それは違ったのだ。今回ばかりは説明がつかない。

誰かが侵入しているという可能性も明らかに「NO」だ。そもそもトイレには小さな窓しかなく、人がその窓から侵入することはまず不可能だ。

また、家はボロいながらも某警備会社に家の警備を依頼していたため、誰かが侵入した際はサイレンが鳴り、その会社から警備員が駆け付ける。今までにサイレンが鳴った形跡は一度もない。

たった今、説明不可能な現象が、目の前で起きてしまったのである。


この出来事から三ヶ月後。

私は神奈川県に帰ることになった。転勤である。

広島の成績の悪かった店舗を立て直した実績を買われ、「期待の新人だな。こっちに帰って直属で働いてくれ」と言われたのだった。

分かりやすい初めての出世だった。

次の店長に引き継ぎの作業をし、最後の勤務を終え、バイトの子達がお別れ会をしてくれた。一年間の辛くも楽しい思い出が、自然と目から涙を溢れさせた。

なんとも言えない気持ちだった。店を出て、家路につく。

帰宅し、玄関のドアをガラリと開ける。

目の前の廊下には昼間に母が荷造りをしたのか、大量の段ボールが置かれていた。

時刻は深夜零時前。いつもより早く帰宅できたので、リビングでは母が起きていてテレビを観ながらあくびしていた。

私に気がついた母が、私の顔を見て「おかえり。そして一年間お疲れ様。よく頑張って耐えたね」と笑顔で話しかけてくれた。

慣れない地でのこの一年間。どんなに辛いことがあっても母に心配させたくなく、一切暗い顔をせずに母と接していたのだが、親は凄いもので、そういった自分の感情を喋らずとも理解してくれていたようだった。

そして母はお茶を淹《い》れてくれた。

それをズゥと飲みながら、私はトイレのほうを何気なく見やって固まった。

(え?)

そこに女性が立っている。歳は五十から六十歳、赤茶色のパーティドレスみたいな服装を着ている、中肉中背の女性。

ただ、なぜか右の顔が半分無かった。

顔だけ半分に切り取られたかのようなその女性は、半分の顔で若干微笑みながら、片目でリビングのとある方向を見ている。

私は妙に冷静になり、その女性の視線を追ってみた。

女性の視線の先は、仏壇の入る棚に向けられている。臍の緒の箱が見つかった引き出しを見ているようだった。

ふいにハッと我に帰り、その女性の方向に振り向いたが、そこには誰もいなかった。

「今のはなんだったのだろう……」

母が私の動きを見ながら「え？　何？　なんなの？」と聞いてきたが、私は「ちょっと待って」と立ち上がり、例の引き出しを開けた。

そこには木箱が入ったままになっていた。

（あの女性と臍の緒は関係している。そして、トイレットペーパーを三角に折っていたのはあの女性だ）

私はそれがわかった気がした。

そして、女性が見せたあの微笑みは、ひょっとしたら母と同じで、自分に対し、毎日お疲れ様という気持ちがあり、だからトイレットペーパーを三角に折ってくれていたのではないか、そして最後の最後に出てきてくれたのではないか、と思い至った。

いよいよ引っ越し当日となった。

荷物を業者に頼み、家をチェック後に鍵を掛け不動産屋に返すと、私は母を助手席に乗せ車を神奈川県に向かって走らせた。

木箱は引き出しの中にそのまま置いてきた。もう一度中を見る勇気はなかった。

高速道路に乗り、外の景色を車内から見ながら、「広島県ありがとう。さらばだ」と感傷に浸りながら（もうあの話を母にしても良い頃かな）と思った。

あの話——とは三角折りと女性のことである。

さりげなく笑顔で母に「あのさ……」と言おうとした瞬間である。

助手席の母が「あのさ」と私に声をかけてきたのだ。

一瞬ビクっとして「ん？　どした？」と言うと、母はふるふると震え出し、「怖かった。凄く怖かった」と言う。

「え!?　どうした？　まさか……」

そう言うと、母はびっくりした顔をした。

「あなたも？　じゃあ、やっぱり気づいていたんだ」

結論から言おう。

母もトイレットペーパーの三角折りを見ていたのだ。

そして（ひょっとしたら息子がしているのかも）と思っていたらしい。

また、私に訊いて「いや俺折ってないけど」と言われたら怖いから訊けない、もし私だけに見えていたとしたら……しかしそんなことを言って、息子に心配をかけるのも可哀想だと思い、自身の胸の内に秘めておくことにしたのだそうだ。

私はそれを聞いて「母も同じ気持ちだったんだ……」と思うと同時に、あの女性の微笑みを思い出した。母に女性の幽霊がいたことを話して、でもそれは決して怖いものではなく、自分たちを応援してくれていたんじゃないかなと思うよ、と言おうとした。

その瞬間、母が話し始めた。

「私ね、たまに夢を見ることがあったの。その夢の中で、私はいつも家のリビングにいた。時計を見ると夜の十一時。決まって夢の中はその時間だった。ぼーっとテレビを見てるんだけど、気づくとリビングの床の下から顔が半分無い女性がすぅっと出てくる。私には気づいていない様子の女性は、まずあそこの引き出しを開け、何かを取り出してトイレの前に行く。そのままブツブツと何かを唱えながら、トイレを見つめている。そしたらトイレの中からガラガラガラガラ……と音がするの。気づいたら夢から覚めていた。決まってあの家で見る夢はそれだった――」

夢のようで夢じゃない感覚だったという。

それから母の話を聞いていくうちに、私は思い違いがあったかもしれないと考えた。

あの女性は私たちを応援してくれていたから三角折りにしていたのではなく、何か理由があって三角折りにしていたのかもしれない、と。

最初引っ越してきた時にはなかった、木箱に入った臍の緒。

顔が半分だけの女性の幽霊。

奇妙な夢。

そしてトイレットペーパーの三角折り。

これらがどう繋がっているのか。何があの家で行われていたのか。現在進行形なのか――

離れてしまった今となっては謎である。

広島県廿日市市に現存する一軒家。

そこではまだ三角折りが続いているのだろうか。

人怖

キキとララ

夜の世界で稼ぎたい女の子に店を紹介して仲介料を得る仕事、スカウトマンをやっているRとお茶をしている時に「この業界も色々と大変なことが多くてね～」とちょっと顰《しか》めっ面になった彼に聞いた話。


数年前から流行り出したコンセプトカフェというのがある。通称「コンカフェ」にコンカフェ嬢としてスカウトした二人がいた。

彼女たちは、源氏名をキキ、ララとし、お揃いで色違いの服を着ていて、その界隈《かいわい》の客には「キキララコンビ」と呼ばれてすぐに人気者になったそうだ。

プライベートでも二人は部屋をシェアしていて、いつも仲良かったという。

二人がコンカフェで働きだして二年が過ぎた頃、キキが先にこの業界を卒業した。

地元に帰って昼間の職に就くということだった。

Rはその時のララの悲しそうな顔をよく覚えているという。

もともと入れ替わりの激しい世界、二年も二人一緒に働いているのは珍しい。

そうしてキキがいなくなり、それからのララの様子は変わってしまった。

接客業なのでもちろん笑顔だが、仕事が終わった途端、笑顔が消える。

笑顔が消えるというか表情がなくなる。感情がない虚ろな印象になる。

そして、ララが店外でスーツ姿の男と歩いているのが目撃されるようになった。

店に来る客との裏引きという場合もあるが、その男はコンカフェには不似合いな感じのようで、周りでは、ララは変なクスリでも買っているんじゃないかと噂になっていたらしい。

Rはララのそんな状況を案じて、食事がてら話をしようと思った。しかし、それは叶わなかった。ララの事が気になりながらも忙しくて連絡を取りそびれていた。

そんなある日。「ララと連絡が取れない」と在籍中の店から電話が来た。

聞けばもう三日も無断欠勤しているという。

ララは無断欠勤をするような子じゃないし、なによりスカウトマンとして自分が連れてきた子には少なからず責任があるし店との信頼にもかかわってくる。

電話をするが当然出ないので、ララの住んでいるマンションに行きインターホンを押すが、部屋の中からは物音一つしない。

どうしようかと悩んだ末、キキに連絡を取ることにした。

キキは「コンカフェを辞めてからララとしばらく連絡を取り合っていたが、ここ三ヶ月は忙しかったため、最近どうしていたかは知らない」と言う。

だが、ララと住んでいたこの部屋の合鍵を持っているらしい。

地方に住むキキは、明日ならそこに行けるという。もう一日様子を見ようということで、キキの到着を待つことにした。


当日、Rがキキと待ち合わせをするまでにも、やはりララは店には出勤していなかった。ただ、ララを街で見かけたというお客さんがいたらしい。

キキがマンションに着き、オートロックを抜けて玄関前まで二人で行くと、一度インターホンを鳴らした。部屋からは全く音がしない。

少し緊張しながらキキが鍵を開けた。

扉を開けると玄関、そして廊下があり左側にトイレと風呂のドア。右側にキキの部屋だった六畳の洋室のドアがある。

廊下の先にはリビングがあり、リビングの横にララの部屋がある。

玄関で靴を脱いで上がり、廊下を進む。右のドアが少し開いていて、そこからキキは元の自分の部屋を覗いて「えっ？」と声を上げた。

引っ越した時のままの何もない部屋。キキがこの部屋を出て一年は経っているのに、ララはこの部屋を使わなかったのだろうか？

そしてリビングへと進み、ドアを開けた。

――何もない。二人で使っていたソファなどの家具もテレビもキッチンの冷蔵庫や電子レンジも、何もない。薄いレースのカーテンが窓にかかっているだけ。

隣のララの部屋のドアを見て、初めてRは「嫌な予感」を感じたという。

ドアを開けた正面に窓がある。窓際には赤いチューリップの造花を挿した花瓶がある。初めて生活しているものを感じたという。

Rがチューリップに気を取られている時に、脇から部屋を覗いたキキが叫んだ。

「ララッ‼」

ドアから見える、もう一つのベランダに出られるガラス戸に、もたれるように全裸のララが座っていた。キキララコンビの時は少しぽっちゃり感のあった体が、ガリガリの骨と皮だけになっていた。近寄って見るまでもなく息はしていなかった。

その後はバタバタだった。

泣きじゃくるキキを落ち着かせ、警察に通報。店に連絡。警察が来て事情聴取。第一発見者ということで様々な情報を根掘り葉掘り聞かれたという。

ララがいつからこの状態だったのかはわからない。ここにくる直前の目撃情報もあったし、一週間前に店に出勤した時はいつもと変わらない体型だったという。

ララの死は事件性があるとのことから、司法解剖されることになったとご家族から聞いた。その後の話はキキがララのご家族から聞いた話になる。

司法解剖の結果、ララの死因は「餓死」だったという。人は一週間飲まず食わずだと死に至るが、ララの場合は水分は摂っていたようで、二、三週間は生きていたのではないかと。

しかも部屋のクローゼットには、たくさんのスナック菓子が残されていたという。


僕とRは「おかしいよね」と言い合った。

その話がすべて本当だとしたら、最後に店に出勤した時には、ララはガリガリに痩せていたはずだ。しかし、店の従業員はいつものララと変わらないと言っていた。

そして直前には街での目撃情報もあったというではないか。

それが「餓死」とは、なぜそんな死に至ったのかまったく理解できない。

そしてRは、キキからこんなことを聞いたという。

キキは、ララの母親と話をしていて思い出したことがあった。

「キキちゃん、あのね、U子（ララの本名）って、そんなに忙しかったの？　こんなになってしまうほど仕事詰めだったの？」

母親の言葉にキキは、「ララは人気だったけど、そんなに毎日フルというわけでもなくて、週四日くらいの出勤だったと思う」と答えた。そうしたら母親は肩を落としてつぶやいた。

「あの子の銀行口座を解約に行ったのよ……三千万円が入っていて。一体どうしてこんなお金を持っているのか……」

それを聞いてキキはふいに思い出した。

キキが仕事を辞める時、

「ララも仕事辞めちゃおうかなぁ、契約したから結構お金入るんだよね～」

そう言ってちょっとはしゃいでいた。

正直、流行りのパパ活か、もっと待遇の良い店に移るのかな、と思ったくらいで深くは聞かなかった。キキは地元に帰って堅実に生活しようと決めていたからだ。

「私への当てつけもあったのかな、って思うんだけど、契約ってなんだったのかと急に思い出して――」

Rはキキのその話を聞いて、ちょっとだけ気にかかることがあるという。

ララの隣にいた「スーツ姿の男」そして「契約」。

大金を餌に、キャバ嬢やコンカフェ嬢に「契約」を持ちかけ「人体実験」をしているという噂があるという。

「〝スーツ姿の男〟と〝契約〟というキーワードしかないが、これを拡散してくれ」

とRは言った。僕には何か彼には思い当たることがあるのじゃないかと思う。

この話は東京・池袋での出来事だそうだ。

不思議な話

青鬼

「友人が亡くなったんだけど……」

話したいことがあると電話をかけてきた彼女の話は、そんな一言から始まった。

彼女の高校時代に、仲が良かったT君という友人がいた。

T君はお調子者で、クラスのムードメーカーだったと言う。

しかし彼女は、そんなT君に意外な一面があることを知っていた。

例えば、学校行事や授業などで靴を脱がなければいけない時、多くの生徒は脱いだ靴をそのまま無造作な状態で放置していた。

T君はみんなが靴を脱ぎ終わるのを待っていて、そのバラバラになった同級生の靴をそれぞれピシッと丁寧に並べていくのだ。

彼女はその行為に感心し、T君に「どうしてそうするの？」と訊いてみた。

するとT君は、普段の明るい調子とは違い、怯えたような顔をしてこう言った。

「鬼って信じる？」

彼女が「ええ？」と戸惑っていると、T君が話し出した。

T君が中学生だったある夜。マンションの自宅で両親と夕食をとっていた。

すると、つけていたテレビが突然無音になり、画面が真っ暗になった。

それに気づいた三人はいっせいにテレビに向いた。

電源のランプは点いている。三人ともに真っ暗な画面を見ていると、ぼうっと青い何かが浮かんできた。

それはだんだんと大きくなって、画面いっぱいになった時——。

「鬼だ……」

突然、父親が呟《つぶや》いた。

言われて確かによく見ると、節分の季節にスーパーなどで見かける鬼のお面のように見える。しかも青鬼だ。

その時、テレビからうっすらと何か音が出ていることに気がついた。

聞き取れないが、ボソボソとつぶやく男性の声のようなものが聞こえる。

両親もそれに気づいたようで、テレビの方に身を乗り出して耳を澄ませていた。

やがて音はちゃんとした声になってくる。

「く……つを……そろ……え……ろ……くつ……をそろ……えろ……くつをそろ……えろ……くつをそろえ……ろ……くつをそろえろ……靴を揃えろ……」


画面に広がる青鬼は、そう言っていた。

T君は急に恐怖を感じ、硬直してしまった。両親も同じように身動きしない。

次の瞬間〈ピンポーン〉と、インターホンが鳴った。

ハッとなった父親が立ち上がり、玄関に向かっていく。

その後ろを母親とT君も着いていった。

訪ねてきたのは警察官だった。

「この部屋から人が飛び降りた」と通報があったという。

「本当にこの部屋ですか？」という父親に、警察官は一応確認させてほしいというので、部屋に上がってもらい、ベランダも見てもらった。

もちろん、何も異常はないので「悪戯だった」ということで警察官は帰っていった。


「こんなことがあって以来、僕は靴が揃っていないのが怖いんだよ」

そう言ってT君は肩を震わせたという。

彼女は、この不思議な話を二十年近く忘れていた。

思い出すきっかけになったのは、先日行われた高校の同窓会だった。

懐かしいクラスメートたちの顔ぶれの中に、T君の姿は無かった。

幹事にT君のことを訊くと、彼は十年前に自宅マンションから飛び降りて亡くなったのだと言われた。

「T君の話を聞いた時に、私も怖くなっちゃって、それからギクシャクするようになっちゃったのよ」

そのまま高校を卒業し、以来T君と疎遠《そえん》になってしまった。

「私も靴を几帳面にそろえるクセがあるのだけれど、それがいつからだったのか急に気になりだして――」

T君の話をもっとちゃんと聞いておけばよかったと彼女は言っていた。

怪談

突進

Mさんが高校生の時だから、今から十年ほど前のことだという。

田舎町の丘の上に立つ地元の公立高校で、二年生のMさんは夏休み中も部活で汗を流し、スポーツを通して青春を謳歌《おうか》していた。

Mさんが当時所属していた女子ソフトボール部は、屋内での活動はできないので、グラウンドを使用していた。ただ校舎に併設されたグラウンドでは他の部活動、主に男子の野球部、サッカー部、陸上部に占領されてしまう。

だがそこは田舎の公立高校、敷地だけは広かったので、女子ソフトボール部の主な練習場所は校舎のある丘をさらに登ったところにある「第二グラウンド」と呼ばれるところだった。

「で、その第二グラウンドに、先輩たちから代々伝わっている怪談があるんです」

いわゆる「誰々から聞いた話」で、誰かから誰かの耳に入りさらに他の誰かへ……という噂話の典型例である。ただこの話においては、女子ソフトボール部の先輩から後輩へ、そのまた後輩へ……という具合なので、広がり方は都市伝説の類に比べまだ限定的かもしれない。

その第二グラウンドの怪談とは、「グラウンド正面入り口門の前の坂道を黄昏《たそがれ》時に通ると、背後から男が突進してくる」というものだという。

「これだけ聞いたら、はぁ？　って感じじゃないですか。それ怪談なの？　って……」

私も最初に聞いた時に、まったく同じ感想を抱いた。

よくよく聞くと「突進というより勢いよく走ってくる」「逃げると追われる」と言ったほうが正しいようだった。

だが、その男というのが不審者の可能性もある。幽霊ではなく実体を持った人間——それはそれで怖いが、そうなってしまうと怪談の類ではなくなる。

Mさんは在学中、そんな噂をまったく信じていなかった。学校の帰りに「追いかけられたらどうするか」と友達と話したりはしたが、結局は鼻で笑って終わりだった。そんなことよりも部活が忙しく、下らない怪談などに付き合ってはいられなかったという。

だが、その認識はのちに変わっていくことになる。

やがて高校を卒業し、Mさんは専門学校生となった。同じ県内ではあるが、少し離れた場所にあるため専門学校の寮で暮らしていた。

入学から半年ほど経つ頃、Mさんは高校時代の友人たちとファミレスに集まり、久しぶりに食事をした。

その席で、ふと例の話を思い出したので何気なく話題を振ったそうだ。

「そういえば第二グラウンドの、突進する男の話ってあったよね、覚えてる?」

あー、あったあった。と皆一様に頷いた。それから学校の七不思議に話題は変わり、突進する男は七不思議に含まれていたかそうでないかの議論が始まった。

その様子を聞くともなしに聞きながら、Mさんは対面に座っていたRさんが気になった。先程までは明るく話の輪に入っていたRさんだったが、突進する男の話の辺りから黙りこんでいた。それどころか、今はうつむいてしまっている。

どうしたのかとMさんが尋ねると、Rさんははじめ「なんでもない」と言う。体調が悪いのかと聞くと「そうではない」と、なんとも釈然としない。

Mさんが心配していると他の友達もそれに気づき、Rさんに話しかけた。

やがてRさんが重い口を開いた。

「その男に会ったことがある」

Mさんも含め、その場にいた全員は驚嘆の声をあげたが、それも無理はなかった。あれはただの噂話のはずだったからだ。

Rさんは全員の視線を受け止めつつ、下を向きながらもぽつぽつと語り始めた。

Rさんは、Mさんと同じ女子ソフトボール部で、他の誰よりも練習に打ち込んでいた。Mさんもその様子は知っており、大会前などはグラウンドが閉まるギリギリまで一人で練習していたこともあったそうだ。

その日も夏の大会目前の日で、Rさんはたった一人で、第二グラウンドで練習していた。暗くなる前には帰ろうと思っていたRさんだったが、帰りの準備や片付けなどをしていると、すっかり日が暮れてしまった。

急ぎ足でグラウンドの正面入り口の門を出た。そして前の坂道を下りかけた時――。

背後からいきなり足音のようなものが聞こえてきた。

驚いて後ろを振り返ったその瞬間、右肩に強い衝撃が走り、視界が揺れた。

思わず尻餅をついてしまったRさんは、何が起こったのかと周囲を見回すが、自分の他には何も、誰もいなかったという。

そこでRさんは「突進する男」の話を思い出し、まさか今のが？　と一気に怖くなってしまい、その場で親に連絡して、迎えに来てもらったそうだ。

その後しばらく、衝撃を受けた右肩の辺りには痣《あざ》が残り続けたという。

「誰に言っても信じてもらえないって思って、今までずっと黙ってたんだけどね」

そう言ってRさんは話を締めくくった。


「きっとRも何か動物とかに驚いただけで、怪談の噂が先入観を作っちゃってそう思い込んだ、とかそういうことだと思ったんですよ、その時は。でもね……」

Mさんはそう言いながら、オフショルダーのブラウスの右肩あたりを突然下げ始めた。

驚いた私が止めようとしたが、Mさんはそれを手で制す。

Mさんの露《あら》わになった右肩——鎖骨と脇の間の辺りの部分には、紫色に変色した、拳《こぶし》大ほどの痣があった。

「——本当だったんです」

Mさんは今回、私にこの話を聞かせるにあたって、話を思い出すためにと第二グラウンドへ行ってみたそうだ。

仕事が終わってからなので、着いたのは夕方の薄暗い頃だった。

景色を懐かしんだあと、帰ろうとしたその矢先だった。

後ろから突然、見えない誰かが凄い勢いでぶつかってきたそうだ。

唖然としたまま帰ってきて、痛む肩を見てみたらこうなっていた、とMさんは痣を指さして言った。

別れ際にMさんは、「嘘だと思ったら、夕方に一人でその坂を降りてみてください」と言い残していった。

恥ずかしい限りだが、今のところ私にはその場所に赴く勇気は、ない。

収録作リスト（投稿作品は収録において若干の加筆修正がされています。ご了承ください）

お迎え	書き下ろし	TOMO
肝試し	書き下ろし	ごまだんご
クラクション	書き下ろし	りっきぃ
より子ちゃん		kama
白昼夢		ぐるりん
呪いの箱		クルー
喧騒と、その後		アルハルノヒ
内線		田舎
琵琶湖に棲むもの		510
耳栓		放逸兎
あるマーク		てくつん
井戸端会議		コオリノ
閉店の理由		kama
タルパ		YJMKradioclub
魅入られた		T・j
先輩		桜子
見上げる男の子		t・im
屋根裏部屋の女		リッチK
産まれる前にした約束		はっしゃん
死ぬ役		真合流
真夏の悪夢		隅野老人
煙草		コオリノ
サプライズ		みおつくし
白いものと黒いもの		T・j
悲しい気持ち		t・im
二階		フロイライン・オイレ
防空壕の女		えっせんしゃるあんち
蜘蛛男		あがぺん子
赤い警察官		赤沙汰なはま
覗く男		くろとりはち
二重の声	書き下ろし	りっきぃ
三角折り	書き下ろし	ごまだんご
キキとララ	書き下ろし	TOMO
青鬼	書き下ろし	TOMO
突進	書き下ろし	りっきぃ

Horror Holic School
怪奇な図書室
呪われた禁書

2022年2月7日　初版第1刷発行

著者…………………………ごまだんご、りっきぃ、TOMO／編
デザイン・DTP …………………………荻窪裕司(design clopper)
編集…………………………StudioDARA

発行人…………………………後藤明信
発行所…………………………株式会社 竹書房
〒102-0075　東京都千代田区三番町８－１　三番町東急ビル６F
email：info@takeshobo.co.jp
http：//www.takeshobo.co.jp
印刷所…………………………中央精版印刷株式会社